PIERRE ALBALADEJO
JEAN CORMIER

LE LIVRE D'OR DU RUGBY

2000

Préface de

BERNARD LAPORTE

SOLAR

Si vous souhaitez recevoir notre catalogue
et être tenu au courant de nos publications,
envoyez-nous vos nom et adresse, en citant ce livre
et en précisant les domaines qui vous intéressent.

Éditions SOLAR
12, avenue d'Italie
75013 PARIS
Internet : www.solar.tm.fr

Directeur de collection : Renaud de Laborderie

ISBN 2-263-02987-7
Code éditeur : S02987
Impression : Pollina S.A., 85400 Luçon - N° L80488

SOMMAIRE

Bernard Laporte : regard sur le Sud…

« ON DIRAIT LE SUD... »

par Bernard Laporte

La quatrième Coupe du monde a vu une nouvelle fois le sacre d'une équipe de l'hémisphère Sud. Ce rugby qui gagne provoque certaines critiques et fait couler beaucoup d'encre. Depuis 1995, cet hémisphère a véritablement pris le virage du professionnalisme et la dure réalité des statistiques (55 matchs entre le « Sud » et le « Nord », 49 victoires du « Sud » – 4 victoires du « Nord » – 2 nuls) plaide en leur faveur. La création d'une élite (Super 12) et la disponibilité des joueurs pour leur équipe nationale donnent beaucoup de cohérence et de constance à leurs résultats.

Le jeu pratiqué suscite quelques interrogations. En effet, il semble se stéréotyper et on y retrouve des similitudes avec le rugby à XIII et le football américain. L'évolution athlétique des joueurs et la modification des règles qui a tendance à supprimer les phases collectives de combat (touche-mêlée) donnent plus d'énergie aux joueurs pour des secteurs comme la défense.

Malheureusement, les dimensions du terrain n'ont pas augmenté et on peut conclure que les défenses prennent souvent le pas sur l'attaque.

L'équipe de France victorieuse d'une légendaire demi-finale de Coupe du monde contre les « Blacks » devra se mesurer à l'automne à ces derniers et aux Australiens champions du monde en titre. L'avenir nous dira si notre équipe nationale peut rivaliser avec constance contre ces équipes du « Sud ».

Le Stade français CASG en autogestion depuis deux mois a remporté le championnat de France 2000 et cette victoire unique en son genre appelle aussi à beaucoup de réflexion. Ce succès montre que les valeurs humaines sont primordiales et que les notions de solidarité, de générosité et d'engagement sont les fondations de la réussite d'une équipe.

Coupe du monde 1999

PREMIER TOUR

France-Canada 33-20 (18-10)

Stade de la Méditerranée (Béziers) – Samedi 2 octobre

Temps agréable, mais nuageux. Terrain fatigué.
Spectateurs : 18 000.
Arbitres : M. Campsall (Ang), assisté de MM. Marshall (Aus) et Lewis (Irl).
France – 4 essais : Glas (18e), Magne (40e), Garbajosa (62e), Ntamack (78e) ; 2 transformations : Dourthe (40e, 62e) ; 3 buts : Dourthe (5e, 37e, 70e).
Canada – 2 essais : Williams (34e, 53e) ; 2 transformations : Rees (34e), Ross (53e) ; 2 buts : Rees (3e), Ross (72e).
FRANCE : Mola (T. Castaignède, 56e), Garbajosa (Ntamack, 73e), Dourthe, Glas, Dominici, T. Castaignède (Lamaison, 56e), Mignoni (S. Castaignède, 77e), Juillet, Magne, M. Liévremont (Mallier, 79e), Pelous (Brouzet, 73e) ; Benazzi, Tournaire, Ibañez, Califano (Soulette, 88e).
CANADA : Stewart, Stanley, Lougheed, Bryan, Smith, Rees (cap.) (Ross, 40e), Williams (Graf, 74e), Charron, Baugh, Hutchinson (Banks, 62e), James, J. Tait (Schmid, 70e), Thiel (Brice, 55e), Dunkley, Snow.

France-Namibie 47-13 (23-13)

Parc Lescure (Bordeaux) – Vendredi 8 octobre

Temps doux. Excellente pelouse.
Spectateurs : 34 000.
Arbitres : M. White (Ang), assisté de MM. Ramage (Éco) et Deluca (Arg).
France – 6 essais : Mignoni (8e), Bernat-Salles (39e), Mola (48e, 55e, 60e), Ntamack (71e) ; 4 transformations : Dourthe (8e, 39e, 55e, 60e) ; 3 buts : Dourthe (16e, 29e, 33e).
Namibie – 1 essai : Samuelson (19e) ; 1 transformation : Van Dyk (19e) ; 2 buts : Van Dyk (11e, 35e).
FRANCE : Mola, Bernat-Salles, Dourthe, Glas (Desbrosse, 42e), Ntamack, Lamaison, Mignoni (S. Castaignède, 77e), T. Liévremont (Benazzi, 25e), Magne (Costes, 62e), M. Liévremont, Pelous, Brouzet, Tournaire, Ibañez (cap.) (Dal Maso, 67e), Califano (Soulette, 67e).
NAMIBIE : Van Wyk, Van Dyk, G. Van Rensburg (F. Van Rensburg, 65e), Van Der Merwe, Samuelson, Zaayman, Jantjies (S. Van Rensburg, 64e), Van Rooyen, Furter, Hough (cap.), Steyn (Theron, 57e), Senekal, Opperman (Lintvelt, 68e), Horn, Jacobs (Smith, 34e).

France-Fidji 28-19 (13-3)

Stadium municipal (Toulouse) – Samedi 16 octobre

Temps doux. Bonne pelouse.
Spectateurs : 36 000.
Arbitres : M. O'Brien (N-Z), assisté de MM. Hawke (N-Z) et Henning (AFS).
France – 3 essais : juillet (22e), de pénalité (70e), Dominici (85e) ; 2 transformations : Dourthe (22e), Lamaison (70e) ; 3 buts : Dourthe (7e, 38e), Lamaison (80e).
Fidji – 1 essai : Uluinayau (46e) ; 1 transformation : Little (49e) ; 4 buts : Little (21e, 44e, 53e, 62e).
FRANCE : Mola (Garbajosa, 56e), Bernat-Salles, Dourthe, Ntamack, Dominici, Lamaison, S. Castaignède (Galthié, 72e), Juillet (Brouzet, 65e), Magne (Costes, 77e), M. Liévremont, Pelous, Benazzi, Tournaire, Ibañez (cap.) (Dal Maso, 51e), Califano.
FIDJI : Uluinayau, Lasagavibau, Satala, Sotutu, Bari (Nakauta, 56e), N. Little, J. Rauluni, Mocelutu (Tabua, 48e), S. Tawake, Tabua (Sewabu, 40e), Katalau, Raiwalui, Veitayaki, G. Smith (cap.), Rouse.

CLASSEMENT POULE C

1. France ; 2. Fidji ; 3. Canada ; 4. Namibie.

FRANCE QUALIFIÉE. BARRAGES POUR LES FIDJI.

QUART DE FINALE

Argentine-France 26-47 (20-27)

Stade de Lansdowne Road (Dublin) – Dimanche 24 octobre

Temps agréable. Bonne pelouse.
Spectateurs : 35 000.
Arbitres : M. Bevan (Gal), assisté de MM. Marshall (Aus) et Campsall (Ang).
Argentine – 2 essais : Pichot (22e), Arbizu (41e) ; 2 transformations : Quesada (22e, 41e) ; 4 buts : Quesada (27e, 39e, 55e), F. Contepomi (69e).
France – 5 essais : Garbajosa (5e, 78e), Bernat-Salles (10e, 75e), Ntamack (28e) ; 5 transformations : Lamaison (5e, 10e, 28e, 75e, 78e) ; 4 buts : Lamaison (3e, 34e, 51e, 73e).
ARGENTINE : Corletto, Camardon, Simone (M. Contepomi, 76e), Arbizu (cap.), Albanese, Quesada (F. Contepomi, 61e), Pichot (N. Fernandez Miranda, 82e), Longo, Martin, Phelan (Ostiglia, 66e), Allub, Fernandez Lobbe (Ruiz, 32e), Reggiardo (Scelzo, 49e), Ledesma (Canalda, 82e), Grau.
FRANCE : Garbajosa (Mola, 80e), Bernat-Salles, Dourthe (Glas, 80e), Ntamack, Dominici, Lamaison, Galthié (S. Castaignède, 71e), Juillet (Costes, 66e), Magne, M. Liévremont, Brouzet, Benazzi (Auradou, 80e), Tournaire, Ibañez (cap.) (Dal Maso, 77e), Soulette (De Villiers, 60e).

DEMI-FINALE

Nouvelle-Zélande-France 31-43 (17-10)

Twickenham (Londres) – Dimanche 31 octobre

Temps doux. Pelouse parfaite.
Spectateurs : 72 000.
Arbitres : M. Fleming (Éco), assisté de MM. Morrison (Ang) et Campsall (Ang).
Nouvelle-Zélande – 3 essais : Lomu (24e, 45e), Wilson (80e) ; 2 transformations : Mehrtens (45e, 80e) ; 4 buts : Mehrtens (10e, 19e, 23e, 40e).
France – 4 essais : Lamaison (20e), Dominici (56e), Dourthe (60e), Bernat-Salles (75e) ; 4 transformations : Lamaison (20e, 56e, 60e, 75e) ; 3 buts : Lamaison (3e, 52e, 55e) ; 2 drops : Lamaison (47e, 49e).
NOUVELLE-ZÉLANDE : Wilson, Umaga, Cullen, Ieremia (Gibson, 58e), Lomu, Mehrtens, Kelleher (Marshall, 78e), Randel (cap.), Kronfeld, Thorne, R. Brooke (Willis, 72e), Maxwell, Dowd (Meeuws, 59e), Oliver, Hoeft.
FRANCE : Garbajosa, Bernat-Salles, Dourthe, Ntamack (Glas, 81e), Dominici (Mola, 78e), Lamaison, Galthié (S. Castaignède, 74e), Juillet (Pelous, 32e), Magne, M. Liévremont (Costes, 65e), Pelous (Brouzet, 32e), Benazzi, Tournaire, Ibañez (cap.), Soulette (De Villiers, 58e).

FINALE

Australie-France 35-12 (12-6)

Millennium Stadium (Cardiff) – Samedi 6 novembre

Temps agréable. Pelouse glissante et fatiguée.
Spectateurs : 72 500.
Arbitres : M. Watson (AFS), assisté de MM. Morrison (Ang) et O'Brien (N-Z).
Australie – 2 essais : Tune (66e), Finegan (86e) ; 2 transformations : Burke (66e, 86e) ; 7 buts : Burke (5e, 15e, 25e, 44e, 46e, 59e, 65e).
France – 4 buts : Lamaison (2e, 12e, 52e, 61e).
Australie: Burke, Tune, Herbert (Little, 46e), Horan (Grey, 89e), Roff, Larkham, Gregan (Whitaker, 89e), Kefu, D. Wilson, Cockbain (Finegan, 55e), Eales (cap.), Giffin, A. Blades, Foley (Paul, 86e), Harry.
France : Garbajosa (Mola, 68e), Bernat-Salles, Dourthe (Glas, 75e), Ntamack, Dominici, Lamaison, Galthié (S. Castaignède, 78e), Juillet (Brouzet, 41e), Magne, M. Liévremont (Costes, 68e), Pelous, Benazzi, Tournaire, Ibañez (cap.) (Dal Maso, 80e), Soulette (De Villiers, 47e).

Pierre Albaladejo

Bernard Laporte : une autre approche du rugby

Villepreux-Skrela : au revoir.

Après la Coupe du monde 1999, la double succession de Jean-Claude Skrela et Pierre Villepreux était ouverte. Inéluctablement ouverte. Leur départ n'était plus une surprise. Il entrait dans la logique des événements. Il illustrait une certaine évolution de l'esprit du rugby français.

La première partie du parcours de l'équipe de France dans la Coupe du monde – c'est-à-dire les matchs avec les Fidji, le Canada et la Namibie – n'avait pas été enthousiasmante. Ni prometteuse. Un malaise entourait la collectivité bleue. Le rugby pratiqué par les Français alimentait un scepticisme croissant sur leur aptitude à atteindre le dernier carré.

Le malentendu entre les rugbymen de Raphaël Ibañez et l'opinion générale française s'épaississait. Skrela et Villepreux n'en étaient pas dupes. Pas plus que Jo Maso, leur frère de doctrine de l'entourage rapproché du XV de France. Bref, une certaine période s'éteignait. A un moment où, face aux meilleures équipes de la planète, les Français comptaient, en théorie, sur leur panache d'antan pour renouer avec leur propre légende.

Le bilan de la Coupe du monde ne devait pas entrer en ligne de compte dans le processus du départ de Skrela et Villepreux, puisque ce retrait délibéré avait été préparé avant ce rendez-vous mondial d'octobre-novembre 1999. Il était quand même clair qu'aucun dialogue ne passait entre les joueurs et leurs entraîneurs. Le message de Skrela-Villepreux n'était plus reçu. Et encore moins appliqué sur le terrain.

Alors, comment expliquer, dans cette grisaille générale, l'éclair de génie du 31 octobre 1999, cette formidable performance des Français à Twickenham, en demi-finale de la Coupe du monde, contre les All Blacks ?

Le score (43-31), qui reflète bien le jeu moderne et l'esprit du jour, avait réconcilié les Français avec eux-mêmes, surtout avec une conception du rugby qui, effectivement, devenait rarissime. Les Néo-Zélandais une fois terrassés, Raphaël Ibañez et ses vaillants guerriers accédaient à la finale, devant les Wallabies, comme dans l'aboutissement d'un rêve qu'ils n'avaient jamais osé formuler.

Cet exploit d'anthologie, qui fut un coup de tonnerre sur le rugby mondial, on ne le retirera jamais aux héros de cet inoubliable dimanche anglais de Twickenham. Il est à jamais écrit dans le marbre des prouesses historiques.

Néanmoins, sans remettre quoi que ce soit en cause dans la motivation et l'inspiration de tous les Français du jour, ce prestigieux résultat n'aura jamais été que l'arbre (d'une sublimation ponctuelle) qui masquait la forêt (de nombreuses ca-

31 octobre 1999, Twickenham : le jour de gloire.

rences). Pas plus que des millions de Français je n'ai boudé mon plaisir devant ces quatre-vingt-dix minutes franco-néo-zélandaises : il était d'une essence tellement rare…

Cette victoire était une fin en soi. En effet, à la faveur d'une réflexion dépassionnée, on décelait une vérité un peu masquée dans cette rencontre. Les Français ne l'avaient, au fond, emporté que sur un sursaut de désobéissance, voire de franche révolte, vis-à-vis de leurs entraîneurs, Jean-Claude Skrela et Pierre Villepreux. Ce n'était pas une conspiration calculée. C'était simplement une pulsion de fierté qui avait poussé les Français à jouer sur un tempo inspiré comme ils ne l'avaient pas fait depuis des mois…

Malheureusement, ce feu d'artifice de Twickenham resta sans lendemain. Le XV de France de la finale à Cardiff contre l'Australie (12-35) était, une semaine après, aux antipodes de lui-même. Le retour à la réalité d'une saison internationale européenne à gérer passait par la fin de l'époque Skrela-Villepreux et l'ouverture (programmée) de l'ère Bernard Laporte.

Cela dit, Jean-Claude Skrela avait lui-même demandé le droit à un repos bien gagné. Pierre Villepreux, lui, poursuivait son ascension professionnelle comme directeur technique national. Conséquence : tout est à refaire dans l'encadrement de l'équipe de France, d'autant plus que Max Godemet, le préparateur physique, les suit dans leur retraite.

La place de l'entraîneur était donc vacante. Depuis longtemps, Bernard Lapasset, le président de la FF rugby, avait noué des contacts suivis avec Bernard Laporte. Que ces négociations aient été éventées, ce détail n'avait aucune importance. Lapasset et Laporte savaient aussi bien l'un que l'autre ce qu'ils ambitionnaient. Ils avaient juste besoin de clarifier la situation.

Bernard Laporte, vraisemblablement flatté, avait étudié tout de très près. Il lui était délicat, en premier lieu, d'abandonner un club aussi puissant que le Stade français, où il s'était épanoui comme entraîneur et où il avait trouvé tous les moyens humains et matériels possibles. En vérité, c'est bien Max Guazzini, le président du Stade français, qui l'avait déniché à Bordeaux et l'avait persuadé de tenter l'aventure du professionnalisme avec un club, le Stade français, où tout était à bâtir.

A propos de professionnalisme dans l'encadrement d'une équipe, il n'y avait pas plus professionnels que Skrela, Villepreux et Godemet autour du XV de France. Ces trois garçons vivaient de leurs hautes responsabilités, mais ils payaient de leur personne. Cette exigence est d'ailleurs répandue dans le rugby, aussi bien en club qu'à propos du XV de France.

L'entrée de Laporte dans le premier cercle de l'équipe de France allait raviver quelques malentendus encore tout frais. Tout le monde y alla de ses quatre vérités sans que chacun puisse se fixer sur telle ou telle d'entre ces vérités. Il n'en est pas moins vrai qu'en cette époque d'un discours trop intellectualisé les joueurs ne saisissaient pas bien les schémas tactiques à eux, méthodiquement et patiemment, exposés.

Entre le duo Skrela-Villepreux et Laporte, le contraste est terriblement prononcé. Les termes et les formules ne sont pas du tout identiques. Mais il ne faut pas se laisser aveugler par la communication. Il serait injuste de considérer que les uns (Skrela-Villepreux) valent plus et mieux que l'autre (Laporte) ou inversement. Chacun professe ses propres théories de jeu et s'emploie à les appliquer pour le profit de la collectivité qu'il dirige.

En la matière, nul n'a le droit d'intenter un procès d'intention à qui que ce soit, en l'occurrence à Laporte en tant que nouvel arrivant dans une fonction redoutable et complexe.

Avec Bernard Laporte, l'équipe de France tombe sur un garçon très particulier. Il est totalement féru de rugby, à sa manière, avec la même intensité que Skrela et Villepreux mais avec une formulation différente.

Laporte se félicite – et le montre sans ambiguïté – de sa conception de l'intégration des joueurs dans le groupe qu'il anime et instruit. Il ne fait aucun cadeau à personne. Il ignore la tolérance ou le relâchement. Il a la franchise de ses objectifs. Il n'affiche aucun a priori de principe, mais il a grande confiance en ses concepts.

En son for intérieur, il lui faut se résigner à fonder son équipe sur de très bonnes individualités qui appartiennent déjà au XV de France. Je ne m'attends pas à voir arriver beaucoup de nouvelles têtes. Mais son système repose sur des critères différents.

En réalité, animé par une sorte d'intégrisme éclairé, Laporte crée une autre approche de ce jeu avec ses sélectionnés. Il agit avec les internationaux exactement comme il se comportait avec ses hommes du Stade français.

Plus Laporte se montrait exigeant avec ses joueurs, plus ceux-ci le lui rendaient bien, autant sur le terrain qu'en dehors avec des rapports affectifs d'une très haute qualité. Quand les Stadistes parlent de Bernard Laporte, ils n'hésitent pas à le porter aux nues, alors qu'il les traitait de tous les noms sans ménagement.

Tout au long de son parcours avec le Stade français, qui l'a mis en pleine lumière, Laporte n'a jamais ménagé ses joueurs. Il en a tiré le maximum, il les a révélés souvent à eux-mêmes. Et les Stadistes le remerciaient de leur en avoir fait baver pour qu'ils se surpassent et aillent aux limites de ce qu'ils étaient incapables d'envisager et de réaliser. C'est le label d'un grand entraîneur, tout de rigueur, de ferveur, de dévouement à ses hommes. Et aussi de méthode.

Avec le Stade français, Laporte avait les moyens de tourner avec une quinzaine de très grands joueurs sous la main. On imagine aisément les perspectives qu'il nourrit pour le XV de France...

D'ailleurs, sur la foi de sa réussite au Stade français, Laporte se situe dans la lignée de Jean-Claude Skrela et Pierre Villepreux qui, en leur temps, avaient tous deux fait leurs preuves au Stade toulousain. Pour les entraîneurs d'élite, l'équipe de France est un incomparable banc d'essai.

Technicien et chercheur du rugby, Bernard Laporte est surtout un assoiffé de la progression à tous les niveaux. Il est allé traîner ses guêtres en Nouvelle-Zélande, en Australie, en Afrique du Sud avec pour seul objectif de dialoguer avec des gens aussi passionnés que lui. Quand on lui avait dit que l'hémisphère Sud valait mieux que le Nord, il ne s'est pas démonté : il s'est envolé à la découverte du rugby du Sud pour se forger sa propre conviction.

Skrela et Villepreux avaient eu le temps de s'imprégner du rugby du Sud en raison de toutes les tournées effectuées avec les français. Ce n'était pas le cas de Laporte, qui n'avait pas eu cette chance avec le Stade français. Alors, il avait investi, à titre personnel, dans l'exploration du rugby du Sud. En retour, il a reçu le XV de France en guise de récompense.

Comme Bernard Laporte n'a pas laissé indifférents les joueurs qu'il a eus sous sa férule, il n'allait pas laisser indifférents les médias. Son charisme et sa disponibilité ne sont pas des illusions. Laporte travaille et vit dans le concret des contacts.

En tout cas, pour commencer, Laporte se différencie nettement de Skrela.

Le jour de sa nomination, en 1995, Jean-Claude Skrela avait lancé : « Aujourd'hui commence la Coupe du monde 1999. » Laporte dit avec intelligence : « Ne me parlez pas de la Coupe du monde 2003. Qui serait capable de m'indiquer les révélations de talent dans les quatre prochaines années et les bases techniques sur lesquelles je vais m'appuyer pour incorporer de nouveaux joueurs ? Je vise plus court. J'ai deux ans pour prouver que le XV de France est le meilleur en Europe. Après, il me restera deux ans pour la Coupe du monde... »

Bernard Laporte : des idées neuves.

Comme Laporte aime citer des cas et des exemples précis pour illustrer ses propos, il ajoute : « Personne ne peut me garantir si des pièces maîtresses du XV de France comme Abdel Benazzi pourront être opérationnelles dans quatre ans. Pendant deux ans, je les aurai sous la main. En leur demandant de se défoncer et d'écouter. Celui qui n'écoutera pas rentrera à la maison. Et je me moque qu'il ait déjà quatre-vingt-dix sélections ! »

Ce langage dur est celui d'un homme entier, sans concessions avec lui-même. Le jour où Laporte aura besoin de capter l'attention d'un joueur, quel qu'il soit, il lui aura dit ses quatre vérités en tête à tête avant d'évoquer sa situation en public.

Son approche de la fonction de sélectionneur – avec tous les risques à assumer – est celle d'un homme neuf, propre, exigeant, bref tout à fait nouveau dans ce système. D'accord, ça ne signifie pas qu'il restera toujours fidèle à ce qu'il est en 2000. Pour le moment, je considère comme une grande chance pour le XV de France d'avoir hérité un type à poigne, intelligent, très franc et qui connaît admirablement le rugby moderne.

Désormais, le plus dur l'attend...

Galles - France : 3-36

Mi-temps : 3-9

Date : 5 février 2000.
Terrain : Millennium de Cardiff.
Affluence : 72 500 spectateurs.
Temps : couvert, mais doux.
Arbitre : Chris White (Angleterre).

France			Galles
Castaignède (Castres)		**15**	Howarth
Ntamack (Toulouse)		**14**	G. Thomas
Dourthe (Dax)		**13**	Taylor
Lombard (Stade français CASG)		**12**	Jones-Hughes
Dominici (Stade français CASG)		**11**	James
Lamaison (Brive)	o	**10**	N. Jenkins
Galthié (Colomiers)	m	**9**	Howley
Pelous (Toulouse), *cap.*		**8**	Quinnell
Magne (Montferrand)		**7**	Sinkinson
Benazzi (Agen)		**6**	Charvis
Matiu (Biarritz)		**5**	Wyatt
Brouzet (Bègles)		**4**	Gough
Tournaire (Toulouse)		**3**	Young, *cap.*
Dal Maso (Colomiers)		**2**	G. Jenkins
Califano (Toulouse)		**1**	Rogers

Remplaçants français : 16 Ibañez ; 17 De Villiers ; 18 Liévremont ; 19 Betsen ; 20 Laussucq ; 21 Penaud ; 22 Venditti.

Remplaçants gallois : 16 B. Williams ; 17 S. John ; 18 Voyle ; 19 G. Lewis ; 21 S. Jones ; 22 S. Williams.

Les points

France : trois essais, Magne (56e), Castaignède (58e), Ntamack (79e) ; trois transformations, un drop (24e), quatre pénalités (27e, 37e, 50e, 77e), Lamaison.
Galles : une pénalité (14e), Jenkins.

La physionomie

Dans un premier temps, les deux équipes se tiennent. Un break de Neil Jenkins échoue de peu. Puis le travail de sape des Français paie en seconde mi-temps, avec l'omniprésence d'Olivier Magne, immense joueur. Le XV de France joue proprement et, après avoir contenu les Gallois, les déborde et s'impose sans difficulté par trois essais à zéro. Avec 21 points du pied droit de Titou Lamaison.

Les autres matchs : à Twickenham, Angleterre-Irlande 50-18 ; à Rome, Italie-Écosse 34-20.

Pierre Albaladejo

De sape et de brio...

Avec l'intronisation de Bernard Laporte comme sélectionneur-entraîneur du XV de France et ce déplacement à Cardiff, le rugby français entre dans une nouvelle période. Sans se couper de son récent passé, il n'en est pas moins vrai que cette première équipe de France 2000 doit s'assumer pleinement par et pour elle-même. En revenant au Millennium de Cardiff quatre-vingt-dix jours après la finale de la Coupe du monde, pour l'ouverture d'un Tournoi passé de cinq à six nations, les Français ne sont plus que des challengers vis-à-vis d'eux-mêmes, c'est-à-dire aspirant à gommer les pauvres images d'un Tournoi 1999 complètement manqué (une victoire contre trois défaites).

Pour faire bonne mesure, aussi bien dans l'expression de son autorité que dans celle de sa méthode, Laporte a commencé par retirer à Raphaël Ibañez ses galons de capitaine et son poste de talonneur titulaire. Il a choisi deux hommes pour lui succéder : Fabien Pelous comme capitaine et Marc Dal Maso comme talonneur. En soi, la décision de Laporte est révélatrice de sa mentalité.

Bien avant sa promotion, Laporte expliquait déjà que, par philosophie, il n'envisageait jamais de confier le capitanat d'une équipe à quelqu'un qui n'était pas indiscutablement le meilleur à son poste. En transposant cette vision théorique dans les faits, à travers Dal Maso, Laporte sous-entendait ainsi qu'Ibañez ne lui paraissait pas le numéro 1 des talonneurs français.

Ce verdict semblait sévère, autant pour le talonneur que pour le capitaine. Pour mémoire, Raphaël Ibañez avait conduit les Français à un double Grand Chelem consécutif (1997, 1998) et, accessoirement, à une finale de Coupe du monde (1999). Que, sur cette longue période, Ibañez n'ait pas été constamment à son top niveau personnel, je l'admets. C'est fréquent. Mais, manifestement, il n'était plus l'homme de la situation aux yeux de Bernard Laporte.

Cela posé, Laporte avait quand même ménagé la fierté d'Ibañez – et sa classe – en le maintenant dans la sélection après s'être longuement entretenu en tête à tête avec lui et lui avoir exposé ses arguments. D'une certaine manière, Laporte respectait la carte de visite d'Ibañez. Et celui-ci n'avait pas claqué les portes du XV de France.

En prenant les rênes de l'équipe de France, Laporte entendait bien aussi imposer un certain schéma de jeu, jusqu'au bout. Il ne cherchait pas, à tout prix, la rupture avec un de ses prédécesseurs, mais il tenait à affirmer ses convictions par l'intermédiaire de certaines individualités.

Pour lui, tout est simple. Il le confirme en peu de mots : « Je ne vais pas me compliquer l'existence. La meilleure façon de jouer, c'est de se comporter en patrons au milieu du terrain. En effet, c'est en cette zone de milieu du terrain qu'on enfonce le clou *(sic)*. Et, par enchaînement, autour de ce clou enfoncé dans le dispositif adverse, on va pouvoir créer certains espaces, plus ou moins larges, sur les deux côtés du terrain, à gauche ou à droite, en fonction des opportunités. Et là, il me faudra des garçons susceptibles de concrétiser des occasions... » Au moins, on savait où Laporte voulait aller. Il devenait l'apôtre d'un rugby réaliste. Bref, il ne restait plus au XV de France qu'à traduire, sur le gazon de Cardiff, les intentions de son entraîneur.

En tout cas, Laporte avait composé cette équipe de France avec une certaine cohérence. Il avait retenu comme centre le puissant Thomas Lombard (24 ans, 1,89 m, 95 kg), figure de proue de son système, en l'associant à Richard Dourthe, étalonné comme centre. Il ne s'était évidemment pas privé de Christophe Dominici, qui ne pèse

Les Bleus en ordre de bataille.

pas 117 kg comme le Néo-Zélandais Lomu. Pas plus que de Thomas Castaignède, affecté à l'arrière.

Pour l'ouverture, bien sûr, Laporte avait récupéré Christophe Lamaison. En affirmant : « Les statistiques internationales le démontrent : 65 % des points marqués le sont sur des coups de pied placés ou non. Je ne suis pas fou au point de me passer du meilleur buteur français au plan international. » Bref, la cohérence de Laporte avec certains principes, de puissance notamment, s'accommodait de l'efficacité prouvée d'attaquants comme Lamaison et Castaignède, qui n'évoluent pas dans le même registre.

Pas d'hésitation à propos de la ligne d'avants. Laporte n'a pas manqué l'occasion de la durcir en fonction de sa théorie. Puisque le centre du terrain est une « zone de vérité », des joueurs qu'on ne sollicite pas systématiquement dans le grand champ peuvent s'y exprimer, à l'image d'Abdel Benazzi qui, naguère deuxième ligne, se retrouve troisième ligne-aile, avec une mission et un périmètre opérationnel très précis. Comme prévu, Pelous est troisième ligne-centre : ce garçon d'exception est à son aise partout. Et avec Olivier Magne comme avant-aile – le meilleur du monde en ce moment –, Laporte aligne une très belle troisième ligne.

Le même Laporte s'est donné la chance d'utiliser ces hommes non pas en fonction de ce qu'ils sont, mais en regard du système de jeu qu'il porte en lui. Et ça, c'est la chance qui est donnée à un entraîneur d'équipe de France.

A la tête d'un club, le meilleur entraîneur qui soit ne dépend finalement que du potentiel des individualités dont il dispose pour élaborer un jeu correspondant à ces individualités. Il est donc, quelque part, obligé de composer avec ses effectifs.

Chargé de l'équipe de France, Bernard Laporte découvre qu'il peut puiser dans un réservoir de 250 000 licenciés, de se faire plaisir dans son schéma de jeu et de choisir des joueurs qui répondent à ses intentions tactiques.

C'est ainsi que Laporte s'est tourné, non sans déclencher un certain effet de surprise, vers Legi Matiu, le deuxième ligne du Biarritz Olympique, une force de la nature à l'état pur (31 ans, 1,94 m, 117 kg) en qui il a une totale confiance, pour caler la mêlée avec Olivier Brouzet. A eux deux, ils atteignent 236 kg.

La sélection de l'inattendu Matiu n'est qu'un exemple parmi plusieurs autres. La permutation Pelous-Benazzi et le retour de Dal Maso procèdent du même esprit. Quant au problème du demi de mêlée, Laporte l'a résolu sans état d'âme : il a choisi Fabien Galthié en se moquant des polémiques de la Coupe du monde et des propos amers du même Galthié.

En fait, Laporte se comporte comme l'homme le plus libre qui soit et il ne subit de pression de quiconque. Mieux : Laporte a multiplié avant Cardiff les initiatives personnelles. Il a, par exemple, envoyé à Pelous, Benazzi, Magne, Galthié et Lamaison des cassettes des récents matchs internationaux des Gallois. Ensuite, il a longuement dialogué avec eux.

Bref, à l'inverse de ce qu'on croit, Laporte n'impose pas ses idées au nom de son autorité. Il a fait analyser ces cassettes par les joueurs qui les avaient reçues, les demis, surtout. Il a collaboré intensément avec eux. Il sait par exemple que Pelous ne peut pas commander cette équipe de France sans l'assentiment de Galthié, qui est la charnière opérationnelle de tout ce qui contribue à l'amélioration des ballons et à leur exploitation autour des regroupements ou dans le grand champ, etc. Bref, on en revient à cette vérité première selon laquelle on ne peut pas écarter le demi de mêlée du schéma de jeu, tant en phase d'élaboration (à l'entraînement) que dans le feu de l'action.

Sans avoir jamais porté le maillot d'international, Bernard Laporte a été un grand demi de mêlée, sous les couleurs du CA Bègles qu'il a mené à une consécration nationale. Il était un stratège-né dans la perception du jeu. Il a continué sur cet investissement et sa foi aveugle dans le rugby. D'ailleurs parler de ballon ovale avec Laporte, c'est passionnant.

Manifestement, Laporte s'est immergé dans la vie du XV de France sans perdre une once de sa capacité d'analyse et de réflexion. On a connu tellement de grands joueurs qui n'étaient pas capables de s'exprimer sur le rugby parce qu'ils avaient accompli leurs exploits sur leurs dons naturels qu'un Laporte revalorise à lui seul la fonction d'entraîneur.

Matiu parfait dans son rôle de démolisseur.

Quand Fabien Galthié lance Dourthe...

Les Français avaient, en plus, deux comptes à régler avec les Gallois. Pour avoir perdu devant eux à deux reprises en 1999, en mars dans le Tournoi sur un infime écart (33-34) au Stade de France et en août à Cardiff pour l'inauguration du Millennium (23-34), il devenait indispensable de rectifier le tir. En plus, Laporte y tenait particulièrement. Il avait une furieuse envie – et on le comprend – de marquer son arrivée à la tête du XV de France par une victoire. En plus, il devait montrer aux initiés qu'il avait l'oreille de joueurs qui, en grande partie, portaient le maillot frappé du coq depuis, déjà, quelques années et qui, néanmoins, adhéraient à ses principes.

Laporte avait cerné sa méthode : jouer sérieux, très sérieux, éviter toute faute inutile ou toute provocation, maintenir le pack gallois sous la pression, contrôler le milieu du terrain, créer des points de fixation, envahir le camp gallois, etc.

Ces grands principes portèrent leurs fruits en ce sens que, dès la fin de la première mi-temps, on pressentit que le travail de sape des hommes de Pelous allait payer. Il était prévisible que les Gallois allaient craquer, céder devant l'enthousiasme canalisé des Français. En première mi-temps, Lamaison avait assuré l'immédiat par ses coups de pied, permettant aux siens de mener (9-3) au repos. Mais l'essentiel était encore à venir.

La déferlante française sur le Millennium n'était pas un cadeau du Ciel. Ce n'était que le prolongement du rugby constant et opiniâtre des quarante premières minutes. Le score fleuve que personne ne pensait atteindre était la juste récompense d'efforts lucides, menés dans l'axe du terrain et assez pesants pour disloquer des Gallois, soudainement vulnérabilisés au contact physique de Français qu'ils n'imaginaient pas aussi motivés et, surtout, aussi disciplinés. Sans parler de révolution culturelle, il fallait reconnaître que cette équipe de Cardiff avait fait montre d'une rigueur de bon aloi. On pouvait nourrir un certain optimisme.

Pelous impérial dans le ciel des touches, au-dessus de tous.

Lombard ne manque pas son retour.

Castaignède dans son numéro de funambule.

En plus, aspect intéressant de cette entrée dans le Tournoi, certaines désignations de Bernard Laporte avaient été validées. Celle de Thomas Lombard en tête. Après avoir été évincé de la Coupe du monde, l'infortuné Lombard n'avait pas évité un passage à vide. Son mental n'avait pas résisté à la déception. Mais Laporte, qui le connaissait bien, l'avait adroitement repris en main.

Les moyens physiques de Lombard font rêver tous les entraîneurs. Faut-il encore qu'ils soient utilisés à bon escient et dans le cadre d'une stratégie équilibrée, alternant entre la puissance et la vitalité, entre un Lombard et un Castaignède ou un Dominici.

Après la sortie prématurée de Richard Dourthe, malade, Lombard devait s'affirmer. Il perça, souvent et irrésistiblement, le premier rideau gallois. Il aimait aussi aller prendre l'adversaire chez lui, sur ces montées physiques d'où l'on doit revenir avec le ballon, pour éviter de subir la pression du même adversaire. Dans ce registre, Lombard est très précieux. Simultanément, on ne peut pas se focaliser exclusivement sur des attaquants du gabarit et du style de Lombard.

Même si le rugby moderne a tendance à devenir un jeu à l'étouffée, il reste toujours des phases qui exigent beaucoup de tonicité, de rapidité et aussi de dextérité dans le maniement du ballon, avec des Castaignède ou des Dominici. Le jour où le rugby se passera de ces garçons, il aura franchi un seuil dangereux.

Il faudra alors obliger les rugbymen à porter des combinaisons de protection et à s'aligner face à face. On accepte déjà des balayages dans les regroupements. C'est-à-dire que l'on percute des adversaires sans ballon dès l'instant où l'on est dans des regroupements. Il me paraît bizarre que ça ne soit pas toléré au niveau des trois-quarts.

Ou bien ces balayages sont autorisés partout, ou bien ils sont interdits partout. Personnellement, je préconise leur mise

Benazzi tente de passer par-dessus le mur.

hors règlement. Car, s'ils sont répandus, on s'inspirera alors du football américain. Jusqu'à maintenant, le rugby s'est rapproché du jeu à XIII. Si l'on persiste dans cette voie, la prochaine étape sera le football américain. A ce moment-là, on devra changer les règles du rugby et ce ne sera pas nécessairement la meilleure idée du monde.

En tout cas, cette menace plane réellement sur l'avenir du rugby, tel que nous le concevons et le pratiquons en Europe. A se fier à nos résultats avec les nations de l'hémisphère Sud, toutes très en avance dans cette exploration du rugby, la comparaison n'est pas à notre avantage. Un jour, les Européens devront bien se donner les moyens de combler ce handicap. C'est en priorité une affaire de volonté.

A ce propos, l'instauration de nouvelles règles, principalement à propos des mêlées fermées, n'a pas donné grand-chose, si ce n'est l'exigence de jouer rapidement les mêlées sur les sorties de ballon. Pour être clair, si une équipe ne joue pas assez vite le ballon, l'arbitre ordonne de recommencer la mêlée, mais le ballon est donné à l'adversaire.

Sur ce détail, beaucoup de spécialistes des questions d'avants sont sceptiques. Selon certains, il est judicieux de bloquer le pilier gauche, qui doit se tenir à son vis-à-vis pour justement bloquer les mêlées. Je ne prends pas parti dans une affaire à propos de laquelle les meilleurs techniciens se divisent.

Il n'existe, pour simplifier, qu'une évidence : si l'on veut voir la mêlée, en tant que telle, garder toute sa noblesse et son importance dans la physionomie du rugby, il faut assainir un peu tous ces truquages.

Il est – on le constate en permanence – très délicat de détecter les responsabilités dans l'effondrement d'une mêlée, dans la mesure où cet effondrement est tactique. L'enquête, instantanée, de l'arbitre en est compliquée. De toute façon, il n'est pas négatif de voir une mêlée tourner légèrement.

La botte de Lamaison renvoie les Rouges chez eux.

Dans cette situation, le demi de mêlée peut alors jouer rapidement le ballon. S'il ne le fait pas, tant pis pour lui. On recommence alors la mêlée, mais on lui supprime le ballon. D'accord, c'est peut-être dommage pour le demi de mêlée. Après tout, il n'avait qu'à le jouer vite quand il l'avait en sa possession. Au fond, ce n'est pas une mauvaise initiative. Mais je crois que le rugby a tout à gagner à aller plus loin en la matière.

Dans cette belle performance collective des Tricolores, que je me refuse à surestimer par raison, Fabien Pelous a pris une part importante. La sienne. Ce garçon intelligent s'est déjà imprégné des automatismes et de la complexité du poste de nº 8 depuis un certain temps et, nommé capitaine sans l'avoir demandé, il s'est glissé dans ce rôle avec aisance et souplesse.

Tout jeune, Pelous était déjà champion du monde avec les Universitaires et sa personnalité de leader rejaillissait sur les siens. Il ouvrait des brèches pour les autres. C'est aussi simple que ça. Il avait donc un destin d'international. Et de capitaine aussi.

Je ne pense pas que Pelous ait métamorphosé l'équipe à lui tout seul. Le rugby ne permet pas ce genre de mutation. Mais je sais qu'il a été parfaitement admis par ses compagnons et qu'il les a emmenés, de la voix comme du geste, sur le chemin du succès. Avec un très large score à la clé.

A cet égard, Laporte n'en attendait pas moins de lui. Mais il n'avait pas pris grand risque en lui confiant le capitanat : Pelous possédait l'envergure et les qualités instinctives de la fonction, il n'avait besoin que d'une occasion pour le prouver. Cette occasion se laissa attendre.

Trois ans plus tôt, le 22 mars 1997 à Grenoble, Pelous avait été humilié. Après un brillant tournoi, il avait été bombardé capitaine contre les Italiens, a priori une formalité sans conséquence. Ce fut un match de cauchemar, gagné par les Italiens (40-32) et surtout perdu par des Français qui traînaient les pieds. Encore tout jeune (23 ans) et inexpérimenté comme troisième ligne-centre, Pelous n'avait rien réussi pour contrer les Italiens et, surtout, dynamiser des partenaires démobilisés.

Un tel échec l'avait marqué, moralement et psychologiquement. Il n'en avait rien dit. Peut-être même doutait-il de son aptitude à stimuler une collectivité. Je suis certain qu'il guettait, avec anxiété et impatience, le moment de démontrer qu'il valait mieux comme capitaine que ce qu'il avait vécu lors de ce match de Grenoble.

Sa motivation personnelle n'en était que plus forte et plus saine.

Contre les Gallois, Pelous avait parfaitement transmis et ordonnancé les recommandations de Laporte. Son influence sur ses partenaires était absolue. Bref, l'équipe tournait comme Laporte l'avait imaginé et souhaité. L'entraîneur n'avait pas tardé à se rendre compte que les Gallois puisaient trop dans leurs ressources physiques en première mi-temps pour ne pas céder en seconde mi-temps.

Dans cette affaire, Christophe Lamaison se montra, peut-être plus que les autres, respectueux des directives de Laporte. Ce dernier exploita les espaces dans le dos des défenseurs gallois en multipliant les coups de pied ajustés. Cette tactique, qui permet des relances imprévues et met l'adversaire sur le reculoir, Lamaison l'exécute comme un maître. A la manière de Diego Dominguez, le demi d'ouverture du Stade français et, surtout, du XV d'Italie.

Bernard Laporte avait fondé le jeu du Stade français en (large) partie sur Dominguez. Il se repose sur Lamaison pour l'équipe de France. Il faut connaître Laporte : sans dédaigner l'offensive, l'entraîneur de l'équipe de France préfère les mouvements bien élaborés, articulés par exemple sur des coups de pied dans les espaces libres ou en chandelle, à des attaques lancées derrière les poteaux. La parenté Lamaison-Dominguez comblait Bernard Laporte.

En conclusion, avec une telle démonstration, le XV de France avoue de grandes ambitions pour le Tournoi. Les Gallois n'ont pratiquement jamais inquiété les Français, ce qui est réconfortant d'un côté et troublant de l'autre. Il est vrai que les Français ont largement dominé leurs vis-à-vis avec une méthode régénérée. Mais, simultanément, l'absence de réaction des Gallois laisse croire qu'ils n'étaient pas aussi forts qu'on le pensait.

Pour la beauté de l'exploit, j'insiste sur l'essai de Magne qui précipita le déclin des Gallois. Plus je le vois évoluer, plus Magne m'épate. Il était le meilleur à l'US Dax. Il l'est resté au CA Brive, puis à l'AS Montferrand. Il l'est tout autant au niveau international. Il est aussi efficace comme avant-aile qu'un trois-quarts-centre : il perce les défenses comme un attaquant, il joue des coups de pied offensifs, il récupère les ballons les plus chauds, etc. Sur un terrain, il fait tout mieux que les autres.

Un autre avant mérite des louanges spéciales. C'est le pilier Christian Califano. C'est l'exemple même d'un rugbyman que le jeu a tué, par usure. On s'aperçut qu'il souffrait des lombaires après avoir disputé cinquante et un matchs en une saison. Quelle folie !

Laporte doutait de la motivation de Califano. Tous deux se sont expliqués d'homme à homme. Ils ont passé un accord. Califano s'est préparé comme il le fallait. Laporte lui a fait confiance. Et Califano s'est, une fois de plus, montré le meilleur pilier du match. Comme à sa plus belle époque. Cet aspect caché de la gestion d'une équipe est tout aussi important que le reste.

LAPORTE : LA TÊTE FROIDE DANS LA MÉDIATISATION...

Le premier mérite de Bernard Laporte, en cette entrée dans le Tournoi des Six Nations, c'est de résister à la médiatisation extraordinaire qui a accompagné sa nomination à la tête de l'équipe de France. En l'espace de quelques semaines, avant et après son officialisation comme sélectionneur-entraîneur, Laporte a polarisé sur son nom et sa personne une rare quantité d'articles en tout genre, d'interviews, d'études de fond, de récits de sa vie.

Bref, Laporte était devenu, avant même le premier match 2000, à la fois le sauveur du XV de France, l'homme-miracle qui avait toutes les recettes du succès, le technicien émérite que le monde entier nous enviait, etc. Cette exagération devenait obsédante et gênante. Pour Bernard Laporte comme pour les joueurs eux-mêmes.

Devant cette médiatisation qui a dépassé tout entendement, Laporte a conservé son calme. Il a eu le sang-froid et l'intelligence de ramener tout à sa juste dimension et à sa vraie valeur humaine. En tout cas, en maître de la dialectique, Laporte ne s'est jamais laissé prendre au piège d'une « petite phrase » ou d'un bon mot, susceptibles de se retourner contre lui.

Il a donné à tout le monde – principalement à ceux qui ne le connaissaient pas – l'image d'un passionné de rugby pratiquant le discours de la méthode. Une belle performance.

Pour Magne, l'homme du match, essai en vue.

Le geste pur, le regard clair : Galthié ouvre.

Jean Cormier

Le dragon asphyxié dans son antre

Une grande nouvelle, les temps changent ! Il y a un peu d'humour dans cette constatation primaire, et aussi le regret de l'avoir vérifiée. Depuis que le rugby existe, les Gallois se sont montrés des hôtes chaleureux à la convivialité au-dessus de tout soupçon. Les plus célèbres, Gareth Edwards et Barry John, donnent le ton et le la aux chœurs de leur pays. Se balader dans l'arrière-pays, par exemple chez l'ancien demi de mêlée Clive Rowlands, à Upper-Counttourcq, dans les montagnettes à truites, découvrir les pubs où des sourires, aussi authentiques que sincères, vous saluaient : c'était épatant. Et là, coup de tiède ! Nous étions quelques journalistes dits spécialisés, surtout des bons copains, Henri Bru et Jean Crépin, *L'Équipe*, et mon compère du *Parisien*, le solide Bertrand Bourgeault dit Babar, plus le signataire de ces lignes. Après un repas local, donc pas terrible, nous poussons la porte du bar à l'étage de l'hôtel où nous venions de nous restaurer. Et l'on se mélange aux autochtones pour suivre un bout du match Angleterre-Irlande et constater qu'à Twickenham les Diables verts ne pèsent guère face aux Chevaliers de la Rose. Quelques quolibets appuyant sur le mot *froggy*, les grenouilles, le qualificatif employé par nos amis d'outre-Manche pour qualifier les Français. Rien de méchant. Mais l'affaire commence à se gâter quand un Gallois, devenu véhément, nous indique la porte en baragouinant en celte que des étrangers n'ont rien à faire là. Le pack d'en face étant incomparablement plus gaillard que le nôtre, genre quatre contre une centaine, nous avons battu en retraite en remerciant avec le plus d'aplomb possible nos hôtes de leur « welcome très new-look ».

En tombant dans les bras de cet ailier de rêve qu'a été le moustachu Gerald Davies, nous ne manquons pas de lui raconter notre petite histoire. Outré, gêné, il nous convia immédiatement au bar pour lever le coude à l'amitié gallo-française et à la nôtre. Il n'en demeure pas moins que quelque chose s'est fissuré chez les mousquetaires de bistrot que nous sommes. Pour ma part, je traîne mes guêtres depuis 1966 au pays de Galles. C'est même là que j'ai dû prendre mes plus énormes murges, notamment avec un marin qui m'avait offert sa pieuvre tant nous nous étions liés d'amitié. Alors, évidemment, plus on aime plus on devient sensible et exigeant. Le nationalisme n'a jamais été une façon de résoudre quoi que ce soit, et c'est un Basque qui le dit !

Après Gerald Davies, c'est Gareth Edwards qui approche. Toujours aussi élégant dans son comportement, en vrai gentleman, le demi de mêlée de la phénoménale équipe des seventies, élu rugbyman du siècle, autant dire de tous les temps,

Ibañez finit le match en boulet de canon

cherche des raisons de croire en son équipe : « Nous sommes sortis frustrés de la Coupe du monde. Nous l'avons organisée en partie et la finale se disputait chez nous. Dans notre nouveau Stade du Millennium. Et nous n'y avons pas participé, puisque les futurs champions du monde, les Australiens, nous avaient secoués (9-24) dans ce même Millennium en quart. Par contre les Français, eux, y étaient. J'aurais trouvé formidable qu'une équipe de l'hémisphère Nord remporte la Coupe Webb Ellis. Mais il faut reconnaître que la victoire des Wallabies est totalement méritée. Si ces derniers forment une grande équipe professionnelle avec un immense Tim Horan, un centre à la Sella, il n'en demeure pas moins que les Français ont eu le mérite de se hisser au sommet de la compétition. En éliminant d'une manière fascinante les All Blacks en demi-finale à Twickenham. Prouvant que, sur un match, ils pouvaient battre n'importe qui. Par contre en finale, usés dans leurs têtes, les Français sont redevenus eux-mêmes, à savoir une formation instable qui a raté le Tournoi 1999. »

« King Edwards » ne se hasarde pas à donner son pronostic. Il se replie dans un mesuré : « 50-50 ! Si l'on s'en tient aux deux derniers résultats des Français contre nous, ça n'est pas brillant. Alors, je pense que ça peut faire un match équilibré. Mais, avec ces imprévisibles Français, on ne sait jamais ! »

Après avoir encaissé un monstrueux 51-0 à Wembley, en terre anglaise, en 1998, l'année du Grand Chelem de la bande de Raphaël Ibañez, les Gallois se sont rebiffés avec vigueur et fierté en 1999 au Stade de France, où ils ont damé le pion aux Tricolores par 34-33. Thomas Castaignède ratant un ultime coup de pied au but qui était, il est vrai, tout sauf facile. Et puis il y eut la balade des aoûtiens, question d'être bonne pomme et de remplir les caisses de la trésorerie galloise en acceptant d'aller se frotter aux rugbymen celtes sur leur nouvelle pelouse du Millennium. Face à des Diables rouges survoltés et déjà dans « leur » Coupe du monde, les Français, encore sur la plage, furent sévèrement rappelés à l'ordre et payèrent le prix fort, à savoir une nette défaite (23-34). Ce qui, encore plus que le trésorier, combla les vainqueurs et leur staff. L'entraîneur néo-zélandais Graham Henry se frottait les mains, persuadé de tenir la grande équipe qui s'installe en outsider de la World Cup.

Il faut dire que ce ne sont pas tout à fait les mêmes adversaires que l'équipe de mis-

Marc Dal Maso sonne la charge.

ter Henry aura cette fois face à elle. Un fait majeur s'est produit dans le noyau dur du XV de France : le changement de capitaine. S'il s'est passé en douceur, ce changement restera comme le plus marquant des débuts de Bernard Laporte à la tête des Bleus, avec les pleins pouvoirs. Si Jo Maso reste manager, il se montre plus effacé. Il est le président d'un comité de sélection qui avance des idées et des conseils au tout-puissant coach, mais qui ne tranche pas. André Quilis, manager des « A », et Didier Cordorniou, manager des moins de 21 ans, sont là en soutien. Et Bernard Laporte, qui déborde d'idées et de vitalité, a décidé de retirer le capitanat à Raphaël Ibañez, pourtant irréprochable durant une Coupe du monde où il s'est multiplié pour parer au plus pressé et éviter le pire. Sa manière à lui de tourner une page avec le passé.

Ainsi Laporte a-t-il préféré confier le commandement à un autre avant, Fabien Pelous, dont il fait son troisième ligne-centre. Il s'appuie, entre autres, sur une logique de positionnement : « Raphaël est talonneur et, de ce fait, n'est pas idéalement placé pour juger et jauger l'échiquier du terrain. Alors qu'en "8" Fabien, qui est indiscutable en tant que joueur, l'est autrement plus. »

Par conséquent, Raphaël n'était pas dans sa tête le numéro 1 des numéros 2 du rugby français et, du coup, il se refusait à lui laisser le capitanat. Voilà qui explique le retour de Marc Dal Maso, estimé plus gaillard par le Boss. Cela suscitera des polémiques dans le milieu. Pour Ibañez et contre Dal Maso, ou le contraire. Deux rugbymen assurément proches l'un de l'autre, avec des qualités sensiblement différentes. Deux hommes que les aléas de la vie sportive ont éloignés en stimulant leur rivalité. Et qui se croisent dans les matchs internationaux, quand l'un sort et l'autre rentre.

Du temps de la Coupe du monde, c'était Marc Dal Maso qui finissait les matchs et là, dans ce premier Tournoi de l'ère Laporte, c'est Raphaël Ibañez. On rend hommage au Dacquois de Perpignan qui a pris sur lui, en gentleman qu'il est. Sans se plaindre, il a encaissé ce coup dur au moral avec philosophie et surtout la détermination de prouver qu'il mérite de revenir se caler entre les piliers de l'équipe de France. Sachant que Zozo Dal Maso est son aîné de cinq ans (février 1967 et décembre 1973), il est donc en droit de penser que le temps travaille en sa faveur. Pour l'heure, le titulaire est bien Marc Dal Maso et on le sent frétiller d'aise à l'idée de donner raison au nouvel entraîneur. Surtout qu'il va serrer contre son côté droit Franck Tournaire, son grand ami.

Les Gallois, quant à eux, apprécient toujours autant la bière et les pubs ne désemplissent pas. Dans les rues, les filles sont court vêtues, de manière printanière alors que le thermomètre incite plutôt à additionner les épaisseurs : la Galloise n'a pas froid aux yeux et, en fait, elle n'a froid nulle part. Constatation gratuite qui n'atténue pas le regret d'apprendre que le dénommé Martinez a vendu ses restaurants de viande et de poisson grillés à goût espagnol, ce qui, pour bon nombre d'entre nous, les habitués des matchs de Cardiff, est perçu comme une mauvaise nouvelle. N'est-ce pas Michel Palmié, solide mangeur s'il en est et connaisseur de vins de la Rioja !

Évoquer les plaisirs de la table nous amène à entrer dans le vif du sujet d'une rencontre que les Tricolores de Bernard Laporte abordent avec une faim de loup. La meute est prête pour s'en prendre au dragon. Selon les supporters français les plus optimistes, ces Gallois ne sont pas les terreurs annoncées : ils rappellent que Berbizier et Skrela ont commencé leur temps à la tête de l'équipe de France par une victoire. Et que le « jamais deux sans trois » ne manquera pas de fonctionner une fois de plus.

On aura noté la présence d'un personnage aussi attachant que costaud, Legi Matiu, Samoan né et élevé au grain du rugby néo-zélandais, qui rejoint les Coqs gaulois. Il a été intercepté voici quelques saisons, alors qu'il s'apprêtait à signer à Aurillac, par Serge Blanco, président à l'époque au Biarritz Olympique. Conquis par la Côte basque qu'il a découverte avec son inséparable ami Sotele Puleoto, de Nouméa, Legi vient de vivre un drame. Laina, sa fillette de 3 mois, a disparu ; il la pleure dans son cœur tout en continuant de sourire à la vie, promettant qu'elle l'attend de l'autre côté du chemin. Terrible histoire

Brouzet-Matiu : complices.

qui servira de ciment moral à la troupe française. Bernard Laporte remettra, en premier, le maillot de France au colosse au cœur brisé, le deuxième au nouveau capitaine Fabien Pelous qui héritera de la pile et continuera cet exercice délicat et sensible. Laporte confiera : « Legi nous a donné une leçon. Il m'a téléphoné après la mort de son enfant pour m'assurer qu'il voulait tout de même tenir sa place, j'en ai eu la chair de poule... »

Dès le coup d'envoi, le fils du bout du monde a démontré combien surpuissante était son intention de prouver que la vie était la plus forte en chargeant comme un buffle blessé. Un de ses assauts amène, après une vingtaine de minutes de jeu, l'imparable drop-goal de Titou Lamaison qui, d'un pied droit rassurant, trouve l'ouverture, comme il l'avait si formidablement réussi contre les Blacks en demi-finale de la Coupe du monde. Contrat rempli pour le guerrier du Pacifique. Par contre, Richard Dourthe, handicapé par un problème intestinal qui a gâché sa nuit, est trop court sur pattes pour tenir la distance d'un match. Il tentera de faire face, mais il ne tarde pas à se vérifier, sur un bon ballon à exploiter et qu'il s'empresse de donner, qu'il ne devrait pas tarder à céder la place. Ce qui survient à la 22e minute, permettant au Briviste David Venditti d'intervenir, principalement en défense et avec une franche efficacité, sur la pelouse du Millennium. Avant d'être gratifié d'un carton jaune.

Les deux équipes se respectent, chacune cherche la faille sans se découvrir, à la manière d'un boxeur qui ne baisse pas la garde. Le public gallois n'attend qu'une ondulation de croupe osée qui permettrait à son auteur de se faufiler dans la dense et rugueuse défense française, pour libérer sa ferveur. Comme cela fut le cas, gratuitement pour les visiteurs, lorsque, en tout début de partie, le rouquin Neil Jenkins avait bluffé Fabien Galthié et Thomas Lombard, qui s'attendaient à ce qu'il passe son ballon ou – ce qu'il sait particulièrement faire – qu'il tape.

Mais revenons là où ça commence, c'est-à-dire dans l'opposition frontale des premières lignes en mêlée. Les Gallois sont réputés pour présenter une tête de mêlée à la fois puissante et retorse. Là se situe d'ailleurs le capitaine de l'ensemble, l'expérimenté pilier droit David Young (32 ans), qui a disputé, avec le XIII de Galles, la demi-finale de la Coupe du monde de Rugby League en 1995. Eh bien, si gaillarde soit-elle, cette première ligne galloise souffre contre sa rivale. Le trio composé des piliers toulousains, Christian Califano et Franck Tournaire, plus le talonneur columérin Marc Dal Maso, s'avère déterminé en diable et non seulement accepte l'affrontement, mais se permet de le provoquer. A la régulière, donc à l'impact. On sent que le discours de Bernard Laporte touche juste : « C'est en respectant le numéro que vous avez dans le dos qu'il faut jouer ! » Comprendre qu'avant de faire des biscouettes dans le jeu un pilier doit d'abord assurer les fondamentaux, dans ce rendez-vous de l'ombre et de la sueur qu'est la mêlée. Cali montre l'exemple du sérieux. Avec enthousiasme et rigueur. Son pendant et alter ego Francky l'imite avec une boulimie destructrice dans ces regroupements nouvelle manière, nommés «nettoyage». Là, où, de plus en plus, le jeu se rapproche du XIII, n'en déplaise aux forcenés de la cause quinziste. Vexé d'avoir été pénalisé sur la première mêlée, il a pris l'affaire en poigne aux dépens de son vis-à-vis Peter Rogers. Marc Dal Maso, qui attendait depuis si longtemps d'avoir pleinement sa chance, ne s'est pas troué. Et, en deuxième ligne, Olivier Brouzet, lui aussi, a capté le message du nouveau Boss, «priorité au travail de sape», et plaque avec autant de constance que d'efficacité.

La mi-temps est sifflée par l'Anglais Chris White sur le score de 9-3 pour les Français, en dépit d'un public quelque peu frustré qui ne demande qu'à chanter mais que son équipe cadenassée empêche de se libérer. Il est vrai que les affaires des Français sont bonnes. Ils maîtrisent leur sujet. Derrière un «cinq de devant» besogneux à souhait, la troisième ligne peut intervenir avec à-propos. Souverain en milieu d'alignement des touches, le capitaine Fabien Pelous pose un regard dominateur sur les choses de la vie d'un match qu'il sent correctement engagé. Abdel Benazzi, percutant avec ivresse et lézardant à chaque fois le mur adverse, adhère lui aussi pleinement à la cause défensive par des plaquages tellement appuyés que ceux qui les encaissent peinent à se replacer.

Et puis, il y a Olivier Magne, avec un M comme monsieur. Dans la plénitude de son art, le néo-Montferrandais réalise un match qui frôle la perfection. C'est lui qui inscrit le premier essai français en soutien de ce coquinou de Thomas Castaignède, qui avait poussé son action jusqu'aux confins du possible. Et ce sera encore lui qui, aimanté par le ballon, préservera sa ligne en empêchant le centre Jason Jones-Hughes, plus grand que lui, de conclure.

Derrière un pack conquérant, les demis peuvent mener le bal bleu avec lucidité et précision. A la manière de ce qu'il produit à Colomiers, Fabien Galthié évolue en pa-

Pelous se joue des Gallois.

Le géant de l'Atlas cause des ravages.

Avec le maître Titou Lamaison, ça fait tilt !

tron. Avec courage, sa présence sous les chandelles de Neil Jenkins en est la preuve. Son voisin Titou Lamaison, déplaçant le jeu au pied avec une précision de joueur de basket, dose ses tirs au point de les placer exactement où il veut, se permettant de contrer un dégagement de l'arrière Shane Howarth sur sa ligne. Il fait de l'ombre au poil de carotte Neil Jenkins, moins maléfique qu'il ne le fut parfois. A la fin d'un match sur lequel les Français ont la mainmise dans sa seconde partie, Titou aura tout de même inscrit 21 des 33 points de son équipe (un drop, quatre pénalités et trois transformations, ne manquant qu'une pénalité). Neil Jenkins évitant aux siens l'infamant zéro pointé aux siens en passant un coup de pied !

Ce n'était pas le jour du Dragon. Il est asphyxié dans son antre. Les Bleus, s'en donnant à cœur et à corps joie, livrent un rugby épanoui et convaincant. Un rugby simple et sérieux qui apporte de la satisfaction au nouveau timonier Bernard Laporte. Rugby incarné par Thomas Lombard, pur produit « made in Laporte » puisque le coach de l'équipe de France lui a permis d'évoluer et de mûrir dans le cadre du Stade français-CASG du temps où il était aux commandes du club parisien. Lombard mord la ligne d'avantage avec pugnacité tout en se montrant sans concession dans la besogne défensive. La révélation (avec Sylvain Marconnet) du match contre l'Australie (21-32), le 21 novembre 1998 au Stade de France. Ce match lui avait permis de marquer son premier essai international. Donc du Lombard top de chez Top.

A son aile, l'insaisissable Christophe Dominici est une sorte de Gachassin des temps modernes, avec des appuis infernaux et des improvisations incomparables. Et, aussi, une sacrée envie de se mêler de ce qui ne le regarde pas obligatoirement quand il entre dans la moulure avec une précision de geste qui lui permet d'atteindre un maximum d'efficacité. Et, enfin, un altruisme qu'il faut souligner, magnifié

Très à l'aise, Lombard...

Le diablotin Dominici dans ses œuvres.

Ntamack le félin attiré par l'essai.

par le ballon en or qu'il offre à Thomas Castaignède avant l'heure de jeu pour un essai tout fait.

A l'autre aile, Émile Ntamack, panthère noire aux coups de reins toujours aussi imprévisibles, pèse sans relâche sur le rideau rouge tendu par les Gallois. En 1999, il avait planté trois des quatre essais français, ce qui avait d'ailleurs été insuffisant pour empêcher la défaite (33-34). Cet Émile plein dans le mille est très sollicité dans l'axe, comme l'a demandé Bernard Laporte, et il sera récompensé de ses efforts en inscrivant l'ultime essai du jour sur une faute de débutant de l'ailier remplaçant Shane Williams.

Confirmation : la greffe consistant à placer Thomas Castaignède à l'arrière prend. Il remonta plusieurs ballons avec conviction avant de faire marquer un essai à Charly Magne et de ne pas manquer celui que Dominici lui a offert. Il n'en demeure pas moins que Tom Casse fait ses classes à

Jenkins (n° 10) en perdition devant Castaignède.

Quinnell : une cravate peu élégante sur Lamaison.

l'arrière, poste où, aussi doué soit-on, il n'est pas aisé de maîtriser toutes les subtilités et d'explorer l'ensemble des possibilités. Ouvreur, centre et maintenant arrière, l'aventure de l'attaquant venu des Landes se poursuit, palpitante et allègre.

Non contents de ne pas marquer de points au tableau d'affichage, les Gallois n'en ont pas inscrit non plus par leur conduite. Et les cravates qu'ils ont délivrées ne sont pas celles de gentlemen. Si la première portée par le 8 Scott Quinnell sur Titou Lamaison n'est pas scandaleuse, tout en méritant la punition de 10' qu'elle a suscitée, par contre celle du balèze avant-aile Colin Charvis sur Thomas Castaignède valait assurément plus qu'une simple remise en jeu à 10 mètres. Tout le monde comprit que le shérif ne voulait pas laisser les Gallois à treize !

Le sourire mesuré de Bernard Laporte n'embue pas ses lunettes de larmes de joie, mais la victoire est pourtant belle. Franche et massive, elle lave les revers passés et surtout ouvre des perspectives on ne peut plus intéressantes à une équipe équilibrée qui sait souffrir et que l'on sent capable de faire rêver. Défense agressive plus récupération proprement exploitée ont ouvert les chemins de la réussite. Le travail d'usure réalisé en première mi-temps a effectivement payé, comme l'avait prévu le Timonier, avec une application des nouvelles règles qui n'a pas été trop dérangeante.

Maintenant, au tour des Anglais au Stade de France. De l'avis unanime, selon les grands anciens gallois, Gareth Edwards, Barry John, Gerald Davies et John Taylor,

C'est fini. Dominici et Castaignède hilares.

les Anglais ont intérêt à s'accrocher à Saint-Denis, car cette équipe de France est réellement performante.

LA CHANCE FRAPPE A LAPORTE NUMÉRO 9 !

Bernard Laporte, avec ses petites lunettes et son visage en lame de couteau qui taille la vie dans le vif, a quelque chose de mystique. Il croit en l'homme et l'aime. Ce qui le rend très exigeant, avec lui-même d'abord, avec les autres ensuite. S'il a accepté la mission de préparer l'équipe de France, ce n'est ni par intérêt financier ni par gloriole. « Le pouvoir ne m'intéresse pas », répète-t-il.

Par contre, faire avancer les choses, vérifier qu'elles bougent, ça oui, ça l'excite et c'est précisément pour y parvenir qu'il a accepté la proposition du président Bernard Lapasset, dont l'écriture du prénom et du nom se calque sur celle de Laporte jusqu'à « asset » ! Sans prémonition spécieuse de notre part, souhaitons que Lapasset ne viendra pas à en avoir « assez » de Laporte puisqu'il l'aura, autant que faire se peut, aidé à accomplir sa vaste mission.

Né le 1er juillet 1964 à Rodez, il a débuté à Gaillac avant de rallier Bègles pour devenir, sous la houlette du Breton Yves Apriou, champion de France 1991, comme demi de mêlée. En compagnie de ces chers Rapetous, la trilogie des fauteuils d'orchestre Serge Simon, Vincent Moscato et Philippe Gimbert, il embarquera dans la belle et grande aventure du Stade français-CASG. C'est le « 9 » qui est sorti à la loterie de la chance du nouveau coach. En 1996, quand il a amené son équipe du Stade français au château Ricard, encore du temps où le grand Benoît Dauga faisait office de châtelain, pour y préparer la phase finale du groupe B, c'est « le 9 » qui lui fut proposé. Là, avant son premier match en tant que Timonier des Bleus, il retombe sur la même carrée. « Comme à l'époque, nous sommes devenus champions de France des "B" (avant de le devenir tout court en 1998) j'espère que ça va gagner à Cardiff ! » avait-il lancé avant l'envol pour le pays de Galles.

Prendre les rênes de l'équipe de France en 1999 correspond pour cet ancien numéro 9 à un signe du destin, aussi fort que la coïncidence des numéros de chambre du château Ricard. Personnage à vif, Bernard Laporte, électrisé comme il l'avouera lui-même durant le *Lands of my Father* d'avant match au Millennium, a pleuré d'émotion aux premières notes de *La Marseillaise*. Mais il garde pour lui les mots qu'il prononça en remettant le maillot frappé du Coq gaulois à Legi Matiu. Attention, l'homme est bon mais il voit clair, alors pas question de l'emmener en bateau !

France - Angleterre : 9-15

Mi-temps : 0-9

Date : 19 février 2000.
Terrain : Stade de France.
Affluence : 79 310 spectateurs.
Temps : pluvieux, pas de vent.
Arbitre : M. Dickinson (Australie).

France			Angleterre
Dourthe (Dax)		**15**	Perry
Ntamack (Toulouse)		**14**	Healey
Venditti (Brive)		**13**	Tindall
Lombard (Stade français)		**12**	Catt
Dominici (Stade français)		**11**	Cohen
Castaignède (Castres)	o	**10**	Wilkinson
Galthié (Colomiers)	m	**9**	Dawson
Pelous, *cap.* (Toulouse)		**8**	Dallaglio
Magne (Montferrand)		**7**	Back
Benazzi (Agen)		**6**	Hill
Matiu (Biarritz)		**5**	Shaw
Brouzet (Bègles)		**4**	Archer
Tournaire (Toulouse)		**3**	Vickery
Dal Maso (Colomiers)		**2**	Greening
Califano (Toulouse)		**1**	Leonard

Remplaçants français : Laussucq (Stade français), Glas (Bourgoin), Desbrosse (Toulouse), Betsen (Biarritz), Liévremont (Perpignan), De Villiers (Stade français), Ibañez (Perpignan).

Remplaçants anglais : Balshaw, McCarthy, Woodman, Corry, Worsley, Gomarshall, King.

Les points

France : trois pénalités (46e, 52e, 74e), Dourthe.
Angleterre : cinq pénalités (11e, 19e, 31e, 57e, 67e), Wilkinson.

La physionomie

L'explication est à la fois dure, pugnace et loyale. Les Français tombent sur un roc. La défense anglaise ne cédera jamais. Pas plus que la française, d'ailleurs. Ce qui donnera un match hermétique et sans essai, mais justement remporté par l'équipe la plus présente, formée par les hommes les plus dynamiques, les Anglais. On parlera longtemps de l'essai refusé sur un en-avant hypothétique entre Dominici et Lombard. S'il avait été accordé, la face du match en aurait été changée… Celle du Tournoi également.

Les autres matchs : à Dublin, Irlande-Écosse 44-22 ; à Cardiff, Galles-Italie 47-16.

Pierre Albaladejo

Les artilleurs du samedi

Même s'il lui faut apprendre à vivre dans une certaine improvisation permanente, en raison des circonstances, des incertitudes du calendrier et de multiples impondérables, Bernard Laporte ne s'attendait pas à cette avalanche de forfaits qui lui interdisent d'aligner contre l'Angleterre l'équipe de France qu'il avait conçue et formée. En gros, Laporte doit rebâtir sa sélection alors que, sur la foi de Cardiff, il pensait avoir assuré ses bases.

En plus, pour se préparer à recevoir les Anglais, en une apothéose programmée du Tournoi 2000, les Français s'étaient plongés dans les « délices » empoisonnés d'une rude journée de championnat. Avec, entre autres affiches, un duel Perpignan-Colomiers, autrement dit un affrontement direct entre Raphaël Ibañez et Marc Dal Maso. En réintégrant leurs clubs, les Tricolores devaient se surpasser dans des matchs qui se jouaient à l'agonie.

Professionnels, les rugbymen français de l'élite le sont tout autant pour leurs clubs respectifs qu'en sélection. Leur première mission est de ne pas décevoir leurs supporters. En fonction de cet impératif, ils sont obligés de s'exprimer dans un schéma de jeu totalement différent de celui de Bernard Laporte. Et quel que soit leur résultat, dès le lendemain, ils se retrouvent, après une récupération physique écourtée, aux rassemblements du XV de France pour un match prévu six jours plus tard...

Sous sa forme calendaire présente, le Tournoi n'est plus adapté à son époque. Pour moi, il se complaît même à rester anachronique. Avec six nations invitées, toutes professionnalisées, il serait bon de ramasser le Tournoi sur cinq week-ends – entre l'hiver et le début du printemps –, à une période charnière qui satisferait à la fois les intérêts sportifs et commerciaux des équipes et de la compétition elle-même. Sans être le seul à préconiser ce genre de réforme – et le plus tôt sera le mieux –, je joins ma voix au concert de ceux qui aspirent à un changement radical.

Pour l'heure, entre deux matchs du Tournoi, les internationaux français se savent contraints, de leur aveu, de « mettre le paquet » pour ne pas déplaire à leurs dirigeants qui sont (aussi) leurs employeurs. La contradiction entre les objectifs du XV de France et ceux des clubs est évidente. Ce constat devrait servir à faire évoluer les événements. Ce n'est pourtant pas encore le cas.

En resserrant le Tournoi sur cinq ou six semaines, les joueurs, Français, Anglais, Écossais, Gallois, Irlandais et Italiens, demeureraient disponibles et mobilisés à 100 % pour leurs équipes nationales pendant le temps qu'il faudrait. Ils se considéreraient en tournée. Ils appartiendraient totalement à leur entraîneur et à leur encadrement fédéral (docteur, kinésithérapeute), etc. Bref, ce serait un professionnalisme supérieur, correspondant idéalement à un rugby non moins supérieur.

Je ne prends aucun risque en prédisant un retentissement médiatique extraordinaire à un Tournoi ainsi remodelé. Le rugby de l'an 2000 deviendrait ainsi une notion plus perceptible à des foules qui ne s'y intéressent pas encore beaucoup. L'Europe du rugby aurait une saine fièvre pendant cinq semaines. Les grandes rencontres se succéderaient à une cadence soutenue. L'effet rugby recevrait enfin sa vraie spécificité annuelle en face des autres grands sports collectifs.

Au lieu de ça, ce Tournoi se traîne entre deux matchs de championnat et le XV de France devient la première victime de rencontres inutilement survoltées. Pays de Galles-France était tombé, tout à coup, dans la médiocrité ambiante du champion-

D'entrée, Tournaire et Califano au cœur de la bataille.

nat. Et, après un bref répit qui tourna à la catastrophe pour les effectifs de l'élite, on devait remettre la pression pour un France-Angleterre attendu comme le sommet du Tournoi. D'un strict point de vue marketing, cette gestion du rugby international est lamentable.

La série noire des indisponibilités des internationaux du XV de France est maintenant entrée dans l'histoire. Tout comme le résultat du match, en faveur des Anglais (9-15). Je pense quand même – sans que ce soit une circonstance atténuante – que la fatalité des accidents des internationaux français avait de sérieuses raisons. La première de ces raisons était l'impréparation physique de la plupart des Français à un enchaînement de matchs de haut niveau. La seconde était l'aveuglement des dirigeants français et leur refus de résoudre, au plus vite, des problèmes pas du tout inédits et découlant de la première raison.

En définitive, dans ce monde qui bouge, le rugby français se condamne à l'immobilisme. Ce n'est pas une bonne inspiration au moment où les troupes de Lawrence Dallaglio s'apprêtent à déferler sur le Stade de France.

Après avoir passé une très mauvaise semaine, entre les forfaits des uns et les accidents inopinés des autres, l'équipe de France a donc baissé pavillon devant les Anglais, en retombant de haut, du moins par rapport à sa démonstration de Cardiff. Ce résultat est, dans sa sécheresse, très décevant.

Mais il est décevant aussi par la manière. Même s'il existe des divergences d'appréciation sur l'arbitrage de M. Dickinson, il y a unanimité, par contre, sur une conclusion : une victoire des Français eût été plus un hold-up qu'une performance logique,

Greening-Dal Maso : tempête sous deux crânes...

conforme à la physionomie et à l'esprit de la partie.

Cela étant, j'espère que chacun a procédé, après coup, à l'analyse du potentiel physique des meilleurs Français actuels. Le bilan est consternant.

Pendant quatre mois harassants, en 1999, ces garçons ont été, en grande majorité, retenus et mobilisés pour la Coupe du monde, avec le parcours que l'on sait. Ensuite, en décembre, ils ont renoué avec les servitudes du championnat de France et de la Coupe d'Europe. Sans avoir eu le temps de souffler et de récupérer. Et puis on les a revus comme on les connaissait, mais sans avoir mesuré leur lassitude par rapport à l'automne 1999, dans le Tournoi des Six Nations.

Cette fois, il était trop tard. On se rend compte que, peu à peu, les Français perdent complètement les pédales. Là où ils pensaient défier physiquement leurs adversaires, les Anglais en l'occurrence, ils se heurtent à des joueurs au moins aussi costauds qu'eux. Ils rebondissent sur des hommes plus toniques qu'eux. Et en meilleure forme, de surcroît. C'est là que se creuse la différence.

Ce match contre les Anglais, les Français l'avaient déjà perdu entre eux, parce que les jours qui défilaient diminuaient leur aptitude foncière à relever le challenge physique des Anglais. Il convient de reconnaître que la défection de dernière minute de l'ouvreur Alain Penaud dérégla totalement le système tactique du XV de France. Le remplacement de Penaud par Thomas Castaignède n'était pas un simple changement de titulaire. C'était une profonde lézarde dans le jeu des Tricolores.

*
* *

Castaignède s'envole comme un n° 9, Galthié admire.

Castaignède-Dallaglio, drôle de duel.

A priori, Bernard Laporte estimait avoir bien colmaté ses brèches en ayant, dès le lundi précédant le match, suppléé à l'absence de Christophe Lamaison par la désignation d'Alain Penaud. Le retour de ce dernier après une longue éclipse internationale était intéressant en soi. Laporte n'entendait pas se charger des différends d'autrefois entre Penaud et l'encadrement du XV de France. Pour lui, le tout récent ouvreur du Stade toulousain était le meilleur à son poste. Un point, c'est tout.

Le renoncement de Penaud, la veille du match, était une catastrophe. Tout le schéma des lignes arrière du XV de France était à rebâtir. Bien sûr, en amenant Thomas Castaignède en n° 10, une place qui lui avait été familière, Laporte croyait dur comme fer limiter les dégâts puisque, simultanément, il replaçait Richard Dourthe à l'arrière et titularisait David Venditti au centre. Apôtre de la polyvalence, Laporte était dans son élément : les trois individualités concernées avaient déjà opéré aux postes affectés par Laporte.

Mais, même si l'on s'appelle Thomas Castaignède, l'épreuve est très difficile. Le Castrais ne fut jamais à l'aise. Pas plus que, de son côté, Richard Dourthe, handicapé par une condition physique précaire due à de tenaces tracas gastriques. Le pauvre Dourthe traversa un match de cauchemar. En conséquence, lui qui est pourtant un baroudeur-né ne fut que l'ombre de lui-même.

Déplacé au ras des phases d'avants, Castaignède dut payer la note du contrecoup du rugby anglais, à savoir la pression de l'énorme présence de la troisième ligne Hill-Dallaglio-Back, un trio qui représente ce qu'il y a de mieux, en complémentarité opérationnelle, dans le Tournoi des Six Nations.

Pour cet arrière avide de grands espaces qu'est devenu Thomas Castaignède, la proximité de la ligne d'avants anglaise

La deuxième ligne Matiu-Brouzet avance en force.

tourna mal. Il abusa des renvois hâtifs, il ne trouva que rarement ses marques et n'utilisa pas au mieux les zones dégagées qui s'offraient à ses coups de pied. En vérité, il était survolté par l'ambition de se surpasser et il se vit, le premier, trahi par lui-même.

A sa décharge, Castaignède se comporta, par ailleurs, comme un redoutable plaqueur. Et, devant la meute blanche qui déferlait constamment vers les buts français, Castaignède eut fort à faire. Il ne se découragea jamais, en dépit des circonstances et de l'évolution négative du score. En réalité, à lui seul, Castaignède personnalisa le désarroi d'une équipe de France incapable de trouver la faille dans le fonctionnement monocorde des Anglais.

En articulant leurs mouvements sur leur troisième ligne – un vrai joyau de rugby –, les Anglais savaient qu'ils allaient inévitablement perturber des Français qui, sur leur exhibition de Cardiff, avaient retrouvé leurs sensations de rugby de mouvement.

A défaut d'élégance et de panache, ce schéma fit le bonheur des Anglais. Ils prenaient un malin plaisir tactique à jouer admirablement la conservation du ballon. Ils ne laissaient aux Français que le souci de les plaquer de leur mieux, en tentant de les contenir. Ce rugby de contacts programmés, assez répétitifs, était réellement dépourvu de beauté. Il traduisait la simple supériorité physique des Anglais.

Les minutes passaient et, tant pis pour eux, les Anglais ne concluaient et ne concrétisaient rien. Ils s'enferraient, en réalité, sur une terrible défense française. Dans ce registre, les Français s'étaient montrés infranchissables, à l'image de Venditti, l'appelé de la dernière heure mais pas le dernier à stopper les Anglais.

Autant on peut se féliciter de la solidité et de l'étanchéité de la défense du XV de France, autant peut-on se demander si la même équipe est capable, après avoir tout fait pour ne pas perdre le match, de prendre certaines initiatives pour le remporter. Il m'a semblé, en ce match de rugby étouffé, que les Français n'avaient pas assez l'esprit à jouer de bons ballons uniquement pour le plaisir d'attaquer.

Faut-il encore que ces ballons soient de bonne qualité pour pouvoir être exploités comme ils mériteraient de l'être. A partir du moment où ces ballons étaient perturbés par l'athlétique défense anglaise, les conditions minimales d'attaque étaient aléatoires. Le simple maniement du ballon dans des espaces restreints était un exploit.

L'équipe de France a donc grandement souffert, dans l'ensemble de son jeu, de la puissance destructrice des Anglais. Pour conquérir des ballons sur les phases d'impact, il faut de grands moyens physiques, à la fois en masse musculaire et en tonicité. Sans une certaine fraîcheur de base, le poids ne sert à rien. De gros packs peuvent être désaxés par des lignes d'avants plus légères et, surtout, plus toniques. Ce n'était pas le cas des Anglais devant les Français.

Car, pour répondre aux avants de Dallaglio, toujours aussi impérial dans son placement et ses trouées, les Français étaient handicapés par leur manque de tonicité. La différence essentielle entre les Anglais et les Français se situait là, dans cette carence aveuglante. En ne répondant pas présent dans ce jeu d'engagement, les Français se coupaient de toute espérance raisonnée de victoire.

Cette équipe d'Angleterre m'a beaucoup plu, je le reconnais. En effet, contrairement à ce qu'ils avaient l'habitude et la prédilection de faire, c'est-à-dire heurter obstinément l'adversaire pour créer des regroupements, les Anglais ont essayé de diversifier leur registre en se donnant un peu d'air et en recherchant, de temps à autre, des espaces dépourvus de défenseurs.

Dallaglio, un maître en n° 8.

C'est ainsi que les Français avaient joué en demi-finale de la Coupe du monde contre les All Blacks, en profitant de surcroît de leur dynamisme offensif. En ce samedi du Tournoi, les Français de Pelous se situaient aux antipodes de ceux de l'exploit de Twickenham. Je ne sais même pas si, en tenant compte de la précarité du potentiel des Français, les intentions d'un rugby élargi y étaient réellement. Mais ça, c'est une autre histoire.

On doit, je crois, insister sur une évolution du jeu d'avants des Anglais. En obligeant plusieurs défenseurs français à se porter sur l'impact du plaquage, après avoir envahi notre camp, les avants anglais se ménageaient au moins des ballons exploitables ou, du moins, des ballons de conservation qui leur permettaient d'user les Bleus. Ainsi, les minutes s'écoulaient et, en dépit de ses efforts, le XV de France ne savait plus à quel saint se vouer.

Il me semble aussi – et j'en suis au fond intimement convaincu – que les Anglais n'avaient toujours pas digéré l'éblouissante démonstration du XV de France devant les All Blacks. Les Anglais avaient attaqué la Coupe du monde en s'autoproclamant les champions de l'Europe. Ils avaient déçu. D'abord en peinant en match de poule devant les Néo-Zélandais, nets vainqueurs (30-16). Ensuite en étant éliminés en ce même cadre de Saint-Denis par les Springboks (21-44) en quart de finale.

Alors, après réflexion, les Anglais tenaient à rétablir « leur » vérité aux dépens des Français. Le Tournoi 2000 leur apportait une occasion unique. Ils n'allaient pas la laisser passer. Ces ressorts psychologiques existent.

*
* *

Cela dit, il reste que ni les Français ni les Anglais ne sont parvenus à marquer un es-

Dominici-le-Vaillant, toujours debout.

sai, c'est-à-dire à tromper la défense adverse. C'était le samedi des canonniers, en l'occurrence Wilkinson et Dourthe. Si ce dernier avait été en meilleure forme, il aurait plus pesé sur le jeu qu'il ne le fit. Et en plus il aurait vraisemblablement ajouté deux pénalités (faciles) et un drop (à sa portée).

Il ne sert à rien de vouloir recommencer une partie que les Français ont perdue et que les Anglais ont petitement gagnée en exprimant, quand même, certaines innovations dans leur jeu.

La phase de l'essai refusé à Thomas Lombard n'est qu'une péripétie significative car, en même temps, elle illustre la créativité sous-jacente des attaquants français. En premier lieu, tout avait commencé sur un regroupement après une touche rapidement jouée. Christophe Dominici avait prestement récupéré le ballon et, seul dans le réseau défensif anglais, il avait entrevu une bonne occasion dans le petit côté. Il en avait profité à fond pour transmettre, sur l'intérieur, à Lombard, revenu en force.

Bref, Dominici, phénoménal, avait cadré le dernier défenseur anglais et offert le ballon à Lombard. Celui ci n'avait eu qu'à s'écraser dans l'en-but. Cette phase éclair initiée par Dominici avait enthousiasmé le stade. La douche froide fut instantanée. L'arbitre refusa l'essai pour un minuscule en-avant entre Dominici et Lombard.

D'accord, j'accepte qu'il y ait un en-avant – pas plus de 3 millimètres ! – entre Dominici et Lombard. Nous sommes là dans la stricte application de la règle. Mais on ne peut pas en rester là. Car, dans le même mouvement, sous les yeux d'un arbitre de touche qui se trouvait à 1 mètre de là, à peine, Richard Dourthe qui surgissait en soutien a bel et bien été retenu par le maillot. Le tout jeune ailier Ben Cohen (21 ans) ne s'était pas embarrassé de fioritures pour stopper Dourthe.

La faute était éclatante. Elle aurait mérité un essai de pénalité. Mais puisque l'arbitre de touche avait été le seul, dans une foule de 80 000 spectateurs, à ne pas voir l'obstruction de Ben Cohen, il n'y avait donc aucune raison de siffler une sanction ! C'était quand même énorme.

Dans le duel permanent entre l'esprit et la règle, Lombard avait perdu et Dourthe n'avait pas gagné. Cette occasion française, j'y reviens, était à verser au crédit de Dominici, impeccable et entreprenant de bout en bout. Avec ses mensurations normales (1,73 m, 81 kg), Dominici n'est pas un surhomme et ses exploits nous rassurent. Tant que le rugby générera des Dominici, on pourra encore croire en lui et y amener beaucoup de jeunes.

Cela dit, autant cette erreur de l'arbitre est regrettable, autant il ne faut pas lui donner plus de signification qu'elle ne le mérite. D'accord, l'essai de Lombard pouvait assez influencer le score pour ouvrir le chemin de la victoire au XV de France. Vers, peut-être, un Grand Chelem de plus. Là,

Lombard, sûr de son fait.

Ballet sans tendresse autour de Dourthe.

ce sont les Anglais qui se retrouvent propulsés vers le Grand Chelem.

Pour moi, un succès des Français n'aurait pas été conforme à la logique de la partie. En plus, nous nous serions induits tout seuls dans des analyses faussées. Le verdict s'imposait : il n'était plus raisonnable pour le XV de France de compter sur un potentiel de jeunes rugbymen prématurément usés, par la Coupe du monde et tout le calendrier infernal qui l'avait suivie.

Au fond, cet échec survenait à point pour inciter les Français, les joueurs comme l'encadrement, à une remise en question.

Ce faux pas du Stade de France – pas devant n'importe qui, quand même ! – interpelle l'ensemble du rugby français. Fabien Pelous et les siens ne se sont pas inclinés à la régulière devant les Anglais : ils ont été, aussi et surtout, victimes des aberrations d'un calendrier délirant. Ils ont été trahis par le propre système français. Et c'est là que ça devient angoissant.

Ce retour à la réalité est amer. On avait voulu transformer la victoire sur le pays de Galles en une performance analogue à celle de la demi-finale de Coupe du monde avec les All Blacks. Cela étant, on ne peut pas comparer ces deux nations de rugby que sont le pays de Galles et l'Angleterre. Le réservoir anglais est bien plus riche que le gallois. C'est une évidence.

Dans un ordre d'idées assez voisin, le style de l'Angleterre est plus rigoureux que celui du pays de Galles et les Français s'en sont aperçus à leurs dépens. Le XV de France de ce samedi a sombré dans un anonymat neutre et stérile.

Certains titulaires ont joué, relevant de blessures à peine guéries. D'autres ont gardé le silence sur certaines carences physiques. Le corps médical avait même des doutes – mais pas de preuves – sur certains sélectionnés. Ces lacunes étaient trop graves pour prétendre battre l'Angleterre, au sommet de sa condition physique, de son arrogance et de sa préparation psychologique.

En conclusion, pour survivre, le rugby français a besoin d'un peu d'ordre dans ses idées et sa gestion. Il faut arrêter de mélanger la Coupe d'Europe, le championnat, le Tournoi des Six Nations, la Coupe de France et tout le reste… En ne trouvant rien de mieux que d'intercaler des rencontres de championnat entre les matchs internationaux, le rugby français s'autodétruit de sang-froid.

Comme quoi, on l'a compris, cette défaite devant l'Angleterre dépasse – et de loin – le sens d'un résultat. Désormais, c'est tout un système qui se trouve sur la sellette. Le XV de France ne peut plus être l'otage de toutes les errances du pouvoir.

LAPORTE : « RENOUER AVEC LA VICTOIRE »

Après l'overdose de médiatisation dont avait été victime Bernard Laporte lors de sa nomination comme entraîneur du XV de France, tout était à craindre pour lui. La défaite face aux Anglais faisait l'effet d'une douche froide sur une opinion tellement sensibilisée à propos de Laporte qu'elle en perdait son jugement et son sens de la mesure.

Bref, au soir de Cardiff, Laporte était un homme providentiel. Mais au soir du Stade de France, le même Laporte n'était quand même pas un entraîneur à la rue. Ce n'était pas en raison de l'échec contre l'Angleterre qu'il fallait jeter le bébé avec l'eau du bain.

Ce revers, enregistré ou pas comme un accident, est une mauvaise surprise pour l'équipe de France, tout comme pour Bernard Laporte. Cet accident aurait pu arriver à n'importe qui d'autre. Et il risque de se reproduire souvent tant il est dans la nature du rugby de ne pas être une science totalement exacte.

Naturellement, personne ne souhaite voir le XV de France enchaîner les défaites. Dans le cas présent, la magie excessive qui entourait Laporte s'est dissipée. Il est redevenu un entraîneur, toujours aussi compétent mais pas nécessairement toujours gagnant. Il le dit lui-même : « Maintenant, je dois renouer avec la victoire. »

Au cœur des avants, Pelous a le rictus de la souffrance.

Jean Cormier

L'arthrose aux Bleus, la Rose aux Blancs

Les gens avisés du monde du rugby ne se gênent pas pour affirmer : « Le Tournoi, qu'il soit des Cinq ou des Six Nations, se résume à un duel entre les deux grosses formations de l'hémisphère Nord, l'Angleterre et la France. Pas besoin de chercher le vainqueur de la compétition ailleurs. Et si un Grand Chelem doit être réalisé, ce ne peut être que par une de ces deux équipes ! » Voilà qui n'est pas forcément bon pour le suspense, mais qui a le mérite d'être clair.

Le choc du Nord, le voici, sous nos yeux, massif, sans pitié, prometteur. Les Anglais font partie des bernés de la Coupe du monde. Ils s'étaient préparés pour vaincre et ils n'ont pas atteint le dernier carré. Ce sont des Chevaliers de la Rose vexés qui débarquent à Saint-Denis avec la ferme intention de remettre en place, à leur manière, la hiérarchie des Ovaliens. Une victoire redorerait leur blason et celui d'un entraîneur décrié, Clive Woodward.

Comme d'habitude, les conversations du café du commerce, partout, ou de celui de la Poste, à Agen, vont bon train. Parfois, le ton déraille à force de monter mais, dans l'ensemble, il ne se dit pas que des fadaises. Ainsi, là-haut dans la montagne, chez Pierre Etchemaïté, à Larrau, sur le toit de la Soule au Pays basque, un berger, très au fait de ce qui se passe sur les prés du rugby, affirme : « Ces Anglais, ils peuvent faire les beaux, ils ont tout de même encaissé 76-0 en juin 1998 à Brisbane contre l'Australie. Alors que, nous, en finale de la Coupe du monde contre les Kangourous, on a été battus, oui, mais pas ridicules ! Et la secouée que nous ont fichue les Blacks à Wellington en juin 1999, on la leur a rendue et où ça ? A Twickenham, dans le Temple des British. Et pas en n'importe quelle occasion : en demi-finale de la Coupe du monde ! Alors, ces Anglais, des leçons ils ne vont pas venir nous en donner... »

Bref, il sera devant l'écran de télé des Etchemaïté, le berger connaisseur pour qui l'heure du rugby est sacrée, n'en déplaise à ses brebis. Même s'il y a de la raison dans son propos, il s'y trouve aussi une solide dose de chauvinisme que Bernard Laporte ne cautionne pas à distance. Ou plutôt, il préfère prendre les visiteurs particulièrement au sérieux. « D'abord parce qu'en 1999, à Londres, ils se sont imposés 21-10. Et puis, parce qu'ils alignent une équipe très respectable avec d'excellents joueurs dans toutes les lignes. Si l'on veut les battre, il ne faut pas avoir peur de les défier. En fait, nous n'avons aucune raison d'avoir peur. C'est un match de rugby, ce n'est pas la guerre. Le XV de France possède de la ressource, il lui faut simplement le prouver. Pour moi, la véritable équipe d'Angleterre est celle qui a poussé les All Blacks dans leurs retranchements en début de Coupe du monde. Sans Lomu et ses

Dallaglio, une terrible présence du début à la fin.

Une mêlée impeccable avec Dallaglio avant-aile.

coups de grisou, les Néo-Zélandais passaient à la trappe.» Laporte a raison de les respecter : avec leur organisation modèle, un jeu moderne et un enthousiasme à bouger la tour Eiffel, ils se présentent en effet comme de redoutables adversaires. Surtout quand on rappelle que les Anglais ont défait les Fidjiens 45-24 en barrage de la Coupe du monde, alors que les Français trimèrent pour s'imposer 28-19 dans un match où ils virent en touche les ballons dans la glace!

Bernard Laporte craint la propension des Anglais à pénétrer sur tous les endroits du terrain, par des éléments issus de chacune de leurs lignes. Et ce qu'il a entendu de la bouche de son compère Serge Simon qui fait des piges à Gloucester, le club de Philippe Saint-André, le conforte dans son analyse. «Il suffit de voir ce que Bath a réussi à Toulouse, tout comme les Wasps à Bourgoin, pour comprendre combien l'élite anglaise est forte», insiste le coach. Il est vrai qu'avec Lawrence Dallaglio en fer de lance les Chevaliers de la Rose sont bigrement armés pour le combat de près. De son côté, l'humoriste Clive Woodward, qui apprécie les bons mots, assure ne pas être obsédé par un compartiment du jeu au détriment des autres. Philippe Saint-André précise : «Clive ne privilégie pas le détail. Pour lui, tout est important et mérite que l'on s'y concentre. Alors, si les Français ne montrent pas une bonne occupation du terrain, s'ils ne font pas preuve d'opportunisme et, bien sûr, d'agressivité, alors ils sont foutus!»

Une donnée peut, à elle seule, bouleverser le cours des choses : la blessure de Titou Lamaison, qui s'est mis un genou en l'air contre Dax avec Brive en championnat. Puis, à ne pas y croire, celle d'Alain Penaud, en verve avec le Stade toulousain depuis le début de la saison. Il est donc demandé à Thomas Castaignède de reprendre le numéro 10 pour les besoins de la cause. Certes, le Landais de Castres n'est pas doté d'un coup de fusil aussi long et précis que ses compagnons. Le temps n'est plus aux analyses restrictives, mais plutôt à se dire que le «petit Tom» possède une classe telle qu'il est capable de transpercer

Dawson tente de partir, mais Lombard surgit.

la défense anglaise. Le forfait de Lamaison oblige Laporte à bouger son puzzle d'attaquants. Ainsi, Richard Dourthe réintègre un poste d'arrière qui a longtemps été le sien et David Venditti reste au centre près de Thomas Lombard, devenu incontournable.

Avant le grand choc, regardons ce qui se passe du côté des autres équipes de France en face des Anglais. Les moins de 21 ans, avec un mental à tout casser, ont eu le dernier mot à Valenciennes (24-18). Avec la révélation du troisième ligne-centre toulonnais Boumedienne Allam, qui s'est donné Abdel Benazzi pour modèle. Étudiant aux Beaux-Arts, 1,95 m, 108 kg sculptés dans le granit, cet autre fils du Maghreb est un rugbyman-artiste qui ne mélange pas les genres. Les A ont eux aussi obtenu la victoire (26-20) à Blagnac en insistant dans l'axe, au cœur de l'ouvrage, comme il leur avait été demandé par André Quilis, Olivier Saïsset et Yves Ajac. Avec l'avant-aile Lionel Mallier en figure de proue. Et Olivier Sarraméa prouve à l'aile qu'il est toujours là. Les Universitaires complètent ce fier tableau de chasse en s'imposant à Rouen (19-9). Les féminines s'inclinent pour leur part (18-24) à Massy. Nettement moins gaillardes que leurs adversaires, les Françaises furent admirables de ténacité, mais durent s'incliner dans les arrêts de jeu quand la phénoménale arrière nommée miss Diver planta son second essai après un rush de 60 mètres.

Dans un Stade de France plein à s'en faire péter les tubulures, autant que pour la finale de la Coupe du monde de foot, les sportifs qui jouent avec leurs mains, autrement dit les rugbymen, prennent possession du terrain. A vous les amis lecteurs de cet ouvrage, nous avons deux manières de vous faire revivre le match : en vous le racontant depuis le début – mais vous vous en souvenez probablement aussi bien que nous – ou alors en tirant sur le fil rouge d'une pelote ovale qui ressemble étrangement à ce match, complètement même puisque c'est bien de France-Angleterre 2000 qu'il s'agit.

Notre fil rouge s'appelle Johnny Wilkinson. Avec son nom de rasoir il se présente de la plus tranchante manière qui soit. Avec ses 20 printemps, le talent bourgeonne dans tous les pores de sa peau de blond. Un an plus tôt, à Twickenham, l'ouvreur anglais contre la France était Mike Catt, et lui était au centre. Cette fois, les deux joueurs ont échangé leurs numéros. Bourreau des Bleus en 1999, en passant les sept transformations qui avaient nourri le score de son équipe (21-10), il est, cette fois, aux manettes, avec toute l'expérience acquise en Coupe du monde. Notamment devant les Sud-Africains en quart de finale, où le recordman des drops – il en a passé cinq – de Beer lui a donné une leçon précise. A 20 ans, on a la chance d'avoir encore beaucoup à apprendre et Johnny-le-rasoir n'y coupe pas. En période de densification, il n'en est pas moins un poison pour les défenses adverses. D'après John Taylor, l'ancien avant-aile de la légendaire phalange galloise des seventies, il est, avec Dallaglio, l'homme de tous les dangers de l'équipe de la Rose. Johnny a reçu des directives de Clive Woodward, le mentor des Blancs : « Patience, Johnny, patience. Ne t'emballe pas. Garde la tête froide. Les Français feront des fautes et nous en profiterons. Pas seulement parce que tu passeras tes coups de pied, mais aussi parce que nous resterons fidèles à nos principes de jeu. »

Alors, voyons comment le gamin d'outre-Manche va respecter les consignes. Son opposant direct est le vif Thomas Castaignède, pas du tout disposé à s'en laisser conter, puis des centres qui le tiennent pour l'allumeur de mèches et une troisième ligne, plus précisément Olivier Magne, sur le qui-vive. Ce que les Français n'ont pas prévu, c'est que Johnny le décidément très rasoir sert de leurre. Ainsi voit-on Mike Catt se substituer à lui et, ce qui était encore moins prévisible, l'ailier Austin Healey, le bon à tout faire des lignes arrière, se porter en position d'ouvreur. De quoi brouiller les cartes, dans l'espoir de réussir une deuxième levée dans ce Tournoi et ainsi s'ouvrir la route du Grand Chelem.

Aussi désireuses l'une que l'autre de l'emporter, les défenses prennent le pas sur les attaques. Les Français ont en tête la leçon défensive que les Australiens leur ont donnée en finale de la World Coupe. Et il n'est pas question pour eux de baisser pavillon dans ce domaine, on ne peut plus privé. Les barbelés sont tendus. Et tout Wilkinson qu'il est, Johnny s'y effrite. Sauf en une seule occasion, mais l'action ne fera pas tilt pour autant, car le deuxième rideau bleu empêchera les Anglais d'aller au bout de leur intention.

Dans ce match au couteau qui reste effectivement sur le fil du rasoir, il s'avère que Johnny et son vis-à-vis Thomas Castaignède touchent autant de ballons l'un que l'autre : 31 pour l'Anglais, 32 pour le Français. Les deux ont une même intention

L'assassin porte le n° 10, c'est Wilkinson.

Quand Califano interpelle Magne...

de jeu, ce qui tend à prouver que les directives de Woodward et de Laporte se ressemblaient. Les deux ouvreurs passent en effet les deux tiers de leurs ballons le plus souvent vers l'extérieur. Une différence réside dans la logique des valeurs spécifiques des deux joueurs : l'Anglais occupe mieux le terrain au pied que le Français, en variant plus ses tirs et en les ajustant avec plus de précision. Les deux hommes plaquèrent avec détermination, mais le gabarit plus compact de Wilkinson lui valut de signer le carton le plus impressionnant du match sur Émile Ntamack en début de seconde mi-temps.

Le Petit Tom ne se gêne pas pour bloquer les gros cubes anglais, par exemple le «6» Hill, nom qui signifie colline et dont il ne se fit pourtant pas une montagne. Derrière une ligne d'avants anglais pleine de fraîcheur et de dynamisme, les deux allant de pair, la paire de demis Dawson-Wilkinson se situe du bon côté. Le plus souvent, ils jouent en avançant, ce qui facilite tout de même les choses. Matt Dawson est, malheureusement pour les Français, l'excellent meneur annoncé. Ce n'est d'ailleurs pas un hasard s'il est capitaine de la Rose. «Un hasard, non, mais ce serait toujours le fantastique Lawrence Dallaglio qui porterait le brassard s'il n'avait pas eu son histoire grivoise de 1999», glisse Florent Rossigneux, frère jumeau de Lionel, qui n'est autre que l'attaché de presse de l'équipe de France.

On se souvient de l'affaire qui avait enflammé l'Angleterre : une demi-mondaine avait branché un micro sous la couette et avait fait chanter son visiteur du soir, Lawrence Dallaglio. Lawrence a été lavé de l'opprobre de cette minuscule affaire qui se rapproche du roman-feuilleton *Monica et le président Clinton*. Mais pour prouver qu'on est bien en Angleterre, pays puritain s'il en est, on a repassé les galons à quelqu'un d'autre. Descendant d'Italiens comme Christian Califano ou Marc Dal Maso, le numéro 8 prénommé Lawrence, arrogant et parfois méchant, libère un match de derrière ses fagots derrière un «cinq de devant» du meilleur tonneau, emmené par le divin chauve Phil Greening, talonneur monté sur piles. En fait, c'est toute la troisième ligne qui produit un match impressionnant. Le trapu Neil Back a montré la voie en plaçant un terrible plaquage sur Christian Califano en début de match, et le grand Richard Hill abat une lourde besogne : on saisit mieux pourquoi Johnny a pu réaliser un match aussi plein.

On le comprend, les Français sont dominés. Oh ! pas nettement. Des petits riens qui font que les Anglais assurent l'essentiel de la possession du ballon. En multipliant les regroupements (72 à 48), ils usent la défense adverse. Et ce que Woodward avait prédit se passe : les Français commettent des fautes et Johnny-le-rasoir tranche dans le vif : 3-0, 6-0, 9-0 à la mi-temps. Puis deux autres pénalités transformées après le repos suffiront à donner la victoire à son équipe dans un match dépourvu du moindre essai, accordé par l'arbitre. Mais, ça, c'est une petite histoire largement analysée ci-contre.

Au sujet de l'équipe de France, commençons par l'arrière, puisque, devant, la loi du plus fort ne fut pas favorable à nos couleurs. Richard Dourthe, toujours fatigué, peine pour trouver ses marques de numéro 15. Béton sous les « up-and-under » – ce genre de truc qui monte et qui met un temps fou à redescendre –, il s'avère moyennement inspiré dans son jeu au pied. S'il réussit les trois pénalités qui font le score pour la France, il en rate deux dont celle où il glisse en fin de match, après avoir vu son drop-goal passer à côté des pagelles de Saint-Denis.

Dans ce match irrespirable pour les attaquants, tant les espaces étaient fermés, Milou Ntamack ne fut pas très à l'aise. Il hérita de ballons en bout de ligne, acculé ainsi à la touche, et ne parvint pas à trouver la solution. David Venditti aurait probablement dû essayer plus tôt ce qui lui a réussi en fin de partie, à savoir taper par-dessus la défense anglaise au lieu de s'entêter à lui rentrer dedans en vain.

Son voisin Thomas Lombard, lui aussi, sembla suivre les directives qui appartenaient à la phase d'érosion du premier temps. Malheureusement, il n'y eut pas de second temps, celui de la conclusion par débordement, pour la bonne raison que les Anglais étaient plus forts et qu'ils ont tenu (presque) jusqu'au bout. Ils étaient vraiment supérieurs.

Inédit : Thomas Lombard saute en touche.

Le Grand Tom s'est pourtant démultiplié jusqu'à se positionner en fond d'alignement et y récupérer deux lancers en touche ; il faut regretter avec lui la décision de l'arbitre, qui lui fut défavorable pour une épaisseur de lacet… sur passe de son coéquipier et ami du Stade français CASG Christophe Dominici, riche du talent des alchimistes qui permet de changer le plomb des lourds ballons ordinaires en or tout court. C'était le cas précisément sur le ballon dont il gratifia Grand Tom.

Au tour des demis : sans vraiment trinquer, ils ne sont pas parvenus à franchement modifier le cours de l'histoire d'un match noué parce que terriblement engagé. Ainsi, à la mêlée, Fabien Galthié n'a pas été aussi en verve que face aux Gallois. A croire que ses adducteurs, qui ne tarderont pas à lui jouer un sale tour, commençaient à le chatouiller. Il évoquera dans le *Midi olympique* des problèmes de mise en place. Et l'on en revient sur le cas du Petit Tom qui, bien qu'irréprochable en défense où il a pris les bulldozers « made in England » dans le buffet à longueur de temps, ne fut pas non plus très en vue dans la conduite des opérations.

Tout se tient dans une équipe de rugby, où chacun est tributaire des voisins, ce qui, bien sûr, fait la beauté de ce sport. Ainsi, les attaquants manquèrent d'air parce que leurs avants ne sont pas parvenus à prendre le dessus sur une équipe anglaise très en

Ibañez tentera l'impossible... en vain.

souffle. Si les troisième ligne français furent sous l'éteignoir, c'est parce que, pour une fois, le «cinq de devant» des Bleus ne s'est pas imposé. Fabien Pelous a perdu de sa superbe, Olivier Magne est redevenu un joueur (presque) ordinaire et Abdel Benazzi retombe dans son travers passé, avec fautes de mains en veux-tu en voilà! Lui non plus ne semble pas totalement luimême. On apprendra qu'un mollet le tiraillait. Le Biarrot Legi Matiu a été du genre discret avant de permettre à Thomas Liévremont de rentrer en «8» et à Fabien Pelous de remonter dans la cage aux forts. Le carton jaune pris par Olivier Brouzet, qui, par ailleurs, abattit sa besogne avec constance et qui recevra quinze points de suture sur la cuisse droite, prouve que les Bleus ne se chauffaient pas du meilleur bois et qu'ils étaient assurément pas dans le jour souhaité pour s'en prendre à semblable opposition. Le trio Christian Califano-Marc Dal Maso-Franck Tournaire fut le premier confronté avec la terrible détermination et l'excellente organisation de l'équipe d'Angleterre.

Et pourtant, malgré tout, l'équipe de France aurait pu le gagner, ce match. S'il faut reconnaître que, pour l'essentiel, les Chevaliers de la Rose n'ont laissé que les épines du pré banlieusard aux Français, un hold-up des Bleus aurait fort bien pu avoir lieu en fin de rencontre. Avec la rentrée de Raphaël Ibañez, Peter De Villiers et de Serge Betsen, l'équipe de France a retrouvé un souffle nouveau et s'en est servi. Appelons ça une réaction de fierté ou ce que vous voudrez, il n'en demeure pas moins que ceux qui avaient tenu le match quasiment de bout en bout ont été à deux doigts de le perdre dans ses ultimes instants. Les esprits chagrins épilogueront longtemps sur la manière dont cette crispante fin de rencontre à suspense a été gérée par les Bleus. Dans le genre «y aurait dû, y avait qu'à», tout a été passé en revue. Les Bleus ont menacé la ligne anglaise et, en deux ou trois occasions, tout le Stade de France a cru que «ça y était». Mais non, l'arbitre n'en voulait pas. En fait, il n'en voulait à personne. Il n'allait pas donner à une équipe un essai qui n'y était pas. Nous parlons de ce qui s'est passé dans les ultimes minutes. Lorsque les Français ne profitèrent pas de leur supériorité numérique (les Anglais restaient à sept avants) pour prendre la mêlée plutôt que de s'entêter à franchir le mur ballon en main.

La mêlée ouverte qui s'est instantanément formée s'est écroulée dans l'en-but des Anglais. Mais le Français qui était en position d'écraser le ballon, en l'occurrence Fabien Pelous, avait sous lui un adversaire qui faisait écran. Donc, inutile de pleurer sur ce coup-là...

Plus conscient que déçu, le capitaine Fabien Pelous reconnaissait après le coup de sifflet final : «Nous sommes tombés sur une grande équipe, en tout cas meilleure que nous. Donc rien à redire sur le résultat. Que voulez-vous, une mi-temps durant nous avons été privés de ballons. J'étais persuadé que notre salut se situait dans le jeu dans l'axe, mais nous sommes tombés sur des os en défense. Comme dans le replacement nous fûmes moins rapides qu'eux, il n'était évidemment pas aisé de passer. Je reconnais avoir manqué de patience en première mi-temps, quand je n'ai pas voulu que l'on tente la pénalité alors que nous étions menés 0-6 et que j'ai choisi la touche dans l'espoir de marquer un essai. Ce n'était pas la bonne solution!»

La bonne solution, c'est finalement l'équipe d'Angleterre qui l'avait, puisqu'elle n'a pas concédé d'essai, sans en marquer, certes, mais en tirant meilleur parti des erreurs adverses. Méthode et patience ont été des mots anglais, la botte de l'ouvreur junior Johnny Wilkinson a fait le reste.

Aux Bleus l'arthrose des vieux guerriers fourbus, aux Anglais la Rose de la récompense aux parfums parisiens.

Ce maul monstrueux prépare un coup fumant…

… pour un essai refusé à Castaignède.

LA LIGNE ANGLAISE FRANCHIE POUR RIEN !

Le plus excitant moment du match fut probablement l'action de rêve signée Christophe Dominici quand, par ses crochets déroutants, il ridiculisa la massive défense anglaise. Alors que tous les autres joueurs couraient, lui semblait voler. Sorti d'un trou de souris où il se joua des pattes des gros chats, le Parisien adressa une passe limpide à son compère du Stade français-CASG Thomas Lombard que celui-ci happa dans les airs pour porter d'une foulée victorieuse de l'autre côté de la ligne anglaise. On jouait depuis moins d'une demi-heure et cet essai-là valait de l'or, car tout le monde avait compris qu'il n'y en aurait pas beaucoup d'autres…

Tous ceux qui ont décortiqué la passe de l'ailier de poche à son centre estiment qu'il n'y a pas en-avant et que l'arbitre australien, Mr Dickinson, a eu tort de ne pas l'accorder. Car il le refusa, déclenchant la plus grosse bronca entendue jusqu'ici au Stade de France. Les deux attaquants du Stade français n'en font pas le drame du match. Même s'ils ont tous deux la sensation, voire la certitude, que la passe était réglementaire. Neuf arbitres sur dix auraient accordé un essai aussi pur. La décision ayant été contraire aux intérêts français, n'en remettons pas dans l'aspect pleurnichard.

Même si… quelques instants plus tôt, les Français déclenchent sur une touche un maul pénétrant à douze. Énorme amalgame qui s'ouvre en son milieu pour permettre à Thomas Castaignède de s'en extraire et de franchir la ligne anglaise, soutenu par Marc Dal Maso et Fabien Pelous. Mais l'arbitre australien, Mr Dickinson, venait de siffler, trop vite bien sûr pour les supporters français, une mêlée pour l'Angleterre, estimant le maul français improductif ! Question d'appréciation et de patience.

Dans l'interminable phase finale de ce match, les Anglais étaient pressés sur leur ligne. Là encore, les supporters les plus chauvins des Bleus ont râlé contre l'arbitre pour ne pas avoir accordé un essai de pénalité quand les visiteurs utilisaient les ficelles du métier pour préserver leur victoire. « Si l'écart n'avait pas été aussi petit, de 6 points, ce qui veut dire qu'avec un essai transformé les Anglais l'avaient dans le baba, il aurait probablement sifflé, le merle australien », conclut le berger de Larrau, rencontré en Soule.

Ceux qui préconisent la présence opérationnelle de deux arbitres et, encore plus, la possibilité de vérifier sur écran une action douteuse sortent, bien sûr, confortés dans ce souhait. Nous ne sommes pas sûrs que ce soit pour demain, ni même pour la prochaine Coupe du monde de 2003.

Écosse - France : 16-28

Mi-temps : 6-10

Date : 4 mars 2000.
Terrain : Murrayfield.
Affluence : 67 500 spectateurs.
Temps : beau et froid, pelouse grasse.
Arbitre : M. Lander (Angleterre).

France			Écosse
Castaignède (Castres)		**15**	Paterson
Ntamack (Toulouse)		**14**	Metcalfe
Venditti (Brive)		**13**	Mc Laren
Lombard (Stade français)		**12**	J. Leslie, *cap.*
Dominici (Stade français)		**11**	Logan
Merceron (Montferrand)	o	**10**	Townsend
Laussucq (Stade français)	m	**9**	Nicol
Pelous (Toulouse), *cap.*		**8**	Reid
Magne (Montferrand)		**7**	Pountney
Chabal (Bourgoin)		**6**	M. Leslie
Brouzet (Bègles)		**5**	Murray
Daudé (Bourgoin)		**4**	Weir
Tournaire (Toulouse)		**3**	Stewart
Dal Maso (Colomiers)		**2**	Brotherstone
Califano (Toulouse)		**1**	Smith

Remplaçants français : Elissalde (La Rochelle), Desbrosse (Toulouse), Hueber (Toulon), Costes (Montferrand), Liévremont (Perpignan), Ibañez (Perpignan), De Villiers (Stade français).

Remplaçants écossais : Scott, Hilton, Grimes, Mather, Beveridge, Hodge, Mayer.

Les points

France : trois essais, Castaignède (11e), Magne (68e, 72e) ; deux transformations, trois pénalités (21e, 48e, 78e), Merceron.
Écosse : un essai (42e), Nicol ; une transformation, trois pénalités (16e), Logan (40e, 70e), Paterson.

La physionomie

Les Français débutent bien et Castaignède lance les opérations avec un essai. Puis leur jeu perd de sa consistance et, grâce en partie à un alignement en touche très organisé, les Écossais reprennent du poil de la bête en même temps que des ballons. Malheureusement pour eux, leurs buteurs manquent d'efficacité et les Français virent en tête à la mi-temps. Puis le duo Ntamack-Magne réussira un numéro magique qui amènera les deux essais du second et une victoire, logique mais peu convaincante, des Bleus.

Les autres matchs : à Twickenham, Angleterre-Galles 46-12 ; à Dublin, Irlande-Italie 60-13.

Pierre Albaladejo

Ntamack et Magne, super !

Rien ne change : une hécatombe de plus éclaircit les rangs des sélectionnés pour ce match contre l'Écosse. Ça tourne à la routine. Même si Bernard Laporte n'en est plus franchement surpris, il s'en passerait quand même bien. Bref, ce Tournoi 2000 n'en finit pas de subir de terribles rafales de forfaits. Et toujours pour l'unique raison d'un calendrier aberrant qui ne protège pas plus le XV de France que les intérêts d'image et de communication de l'ensemble du rugby français. Le mal est là.

Pour former une vraie équipe de France, Bernard Laporte, qui continue de travailler en solitaire tout en sollicitant de précieux conseils, doit désormais élargir son éventail de choix vers les réservistes du XV de France, à différents niveaux et en perdant, peut-être, les garanties de rendement qu'il souhaitait.

Quoi qu'il en pense, Laporte n'a plus le choix : il est obligé d'assumer, désormais, certains risques de sélection auxquels, par tempérament, il répugne. Mais, je le répète, Laporte est prisonnier du système. Et cet exercice d'ouverture d'une équipe à ces candidats positionnés en deuxième zone appartient à la panoplie de tout sélectionneur. Laporte ne peut pas y échapper. En plus, il est pressé par le temps.

Ces malheurs qui s'abattent sur le XV de France ne résultent que d'un problème de fond. Le rugby français s'enlise dans d'interminables et stériles débats d'idées qui masquent, parfois, des conflits aigus. Bernard Lapasset, au titre de la FF rugby, et Serge Blanco, à celui de la Ligue nationale du rugby, ne se ménagent pas. Leurs positions, si divergentes puissent-elles être, ne devraient pas les détourner du souci partagé de la préservation des intérêts supérieurs du rugby français. Sans un rugby national prospère et sain, les échanges de propos sur le professionnalisme et l'amateurisme sont totalement inutiles.

De l'extérieur, le bon peuple ne saisit pas toutes les subtilités de ces joutes verbales, au demeurant interminables et toujours relancées. Il se fixe sur une évidence qui occulte tout : l'élite du rugby français n'est pas plus dégagée que protégée. Et à l'heure du Tournoi, ce constat est fâcheux.

En théorie, pourtant, on peut relativiser l'âpreté et les risques de cette expédition en Écosse. Les appréhensions d'hier ne sont plus d'actualité. En ce Tournoi 2000, pour leurs deux premiers matchs, les Écossais en restent sur deux échecs en deux déplacements, à Rome et à Cardiff.

Ces deux défaites n'annoncent rien de bon pour la santé du rugby écossais. En cette époque de professionnalisme ravageur, les Écossais sont à la traîne. Cette évolution des mœurs, qui amène une sélection des joueurs par – et avec – l'argent, ne reflète pas la mentalité écossaise. Le professionnalisme dit moderne n'entre pas du tout dans la culture ancestrale du rugby, tel qu'on l'enseigne et le pratique en Écosse depuis des lustres et des lustres.

Un certain divorce de conception se dessine entre les traditionnels tenants du rugby écossais et les joueurs. Pendant la Coupe du monde 1999, ces spectateurs que l'on imaginait d'une fidélité au-dessus de tout soupçon avaient quand même déserté le stade de Murrayfield au prétexte qu'ils ne retrouvaient plus l'identité de leur équipe nationale dans la formation alignée sur le gazon de Murrayfield.

Il est vrai que les meilleurs rugbymen écossais, suivant en cela l'exemple des pays celtes, préfèrent aller jouer en France ou en Angleterre, là où est l'argent du professionnalisme. Pour ce seul Écosse-France, les attaquants James Mc Laren (CS Bourgoin) et Gregor Townsend (CA Brive), les

Laussucq insiste et tente d'allumer le feu.

avants Stuart Reid (RC Narbonne), Tom Smith (CA Brive) et Steve Brotherstone (CA Brive) sont des habitués du championnat de France.

Si l'on sait que les autres Écossais du jour appartiennent en majorité à des clubs anglais, la perte d'identité du XV d'Écosse est ressentie, du côté d'Édimbourg, comme un affront. D'ailleurs, dans les Coupes d'Europe, les Écossais n'ont jamais pu présenter des clubs, ils se sont abrités derrière des sélections de province.

Le XV d'Écosse a du mal à prétendre tenir un rôle majeur dans le rugby moderne. Il est trahi par cette imparable loi des grands moyens qui sévit désormais dans le rugby et aboutit à donner de grands moyens à ceux qui le désirent. Aujourd'hui, quels qu'ils soient, les rugbymen d'élite se tournent vers ceux qui sont en mesure de leur assurer le confort d'une fructueuse carrière professionnelle et le standing d'un grand club. Hors de cela, il n'y a pas de salut.

Mais, dans cet état d'esprit généralisé, il y a inégalité de chances pour les Écossais, les Gallois et les Irlandais par rapport aux Anglais et aux Français. Les systèmes économiques anglais et français sont nettement plus avantageux que tous les autres. Le rugby italien se situe en marge. Il consomme néanmoins – et ce depuis fort longtemps – une sérieuse quantité de grands techniciens et de brillants joueurs venus de partout, y compris de l'hémisphère Sud.

Toujours est-il que cette rencontre de Murrayfield n'a pas posé énormément de problèmes à un XV de France en plein replâtrage. Bernard Laporte avait dû jouer la double carte de la prudence, par exemple en demis avec le tandem Laussucq-Merceron, et de l'audace, en appelant deux avants inédits comme les Berjalliens Sébastien Chabal et Jean Daudé. Après tout, cette équipe devait tenir la route.

Malheureusement, la rencontre en elle-même n'atteignit pas les sommets. Le rugby produit ne fut jamais de grande qualité, ce qui nous ramène à cette vérité de toujours selon laquelle il faut être deux pour donner un grand match.

Curieusement, le score (28-16) ne traduit pas la large domination des Français, amplement supérieurs dans tous les compartiments. Je pense que le XV de France avait besoin de se trouver pour tourner à son maximum. Et avant de se trouver, sous l'impulsion de Fabien Pelous et avec un grandissime Olivier Magne, ces mêmes Français s'étaient un peu cherchés. Compte tenu de tous les changements imposés par les circonstances, cette approche tâtonnante était finalement logique.

Bref, l'équipe de France, cohérente dans sa démarche tactique, a tardé à gagner le match et à se mettre à l'abri d'un retour désespéré des Écossais. Juste après le repos, ces derniers étaient revenus de 0-7 et 6-10 à leur détriment à 13-10 à leur crédit. D'accord, ils avaient été aidés par certaines péripéties du jeu. Mais, hasardeuses ou pas, ces péripéties ne sont jamais que du rugby.

En gros, en enlevant le match plus rapidement – le score définitif ne fut acquis que sur la fin –, les Français l'auraient peut-être tué. Mais le spectacle y aurait certainement trouvé une dimension supplémentaire.

Si le XV de France n'est pas parvenu à se défaire plus tôt des Écossais, c'est tout simplement parce qu'il traînait en son sein quelques lacunes, soigneusement dissimulées, dues à ses difficultés de naissance. Ne disposant pas de l'effectif dont il rêvait pour ce déplacement en Écosse, au demeurant présumé plus périlleux qu'il ne le fut réellement, Bernard Laporte s'était résigné à reporter à une date ultérieure ses ambitions d'un rugby de plénitude. A mon avis, il ne se berçait pas d'illusions.

Jean Daudé, tête basse : et pour cause...

En tout cas, les Français avaient vengé leur échec de 1999 à Saint-Denis en humiliant des Écossais battus une troisième fois consécutive dans un Tournoi devenu pour eux celui de toutes les déceptions.

*
* *

Quand même, à un moment, les Français se sont donné quelques frayeurs puisque l'arbitre, un Anglais autoritaire, expulsa Émile Ntamack, en fin de première mi-temps, et Jean Daudé au début de la seconde.

En ce qui concerne Daudé, je ne conteste pas la sanction. Il avait effectué un plaquage absurde à retardement sur un Écossais. Il est vrai que ce genre de débordement passe parfois en championnat. Mais il est inadmissible au niveau international. Et il était normal que Daudé soit invité à aller se reposer sur le bord de la touche.

Par contre, le traitement infligé à Ntamack était excessif et injuste. Le pauvre Ntamack avait été mis « sur le reculoir » par une meute d'Écossais et, à la sortie, il est expulsé pour une faute technique ! L'arbitre, en effet, a jugé qu'il a entravé la sortie du ballon de ce magma humain dans lequel il était impliqué. Comme victime traînée au sol par des Écossais déchaînés et non pas comme un élément dynamique participant à l'opération.

L'erreur d'interprétation était aveuglante. Ntamack – qui n'avait jamais auparavant encaissé le moindre carton jaune – eut beau tenter de s'en expliquer, ça ne servit à rien. Il fut renvoyé sur le banc de touche. En témoin éclairé de cette injustice, Bernard Laporte donna aussitôt l'absolution à Ntamack.

Il y a un enseignement à retirer de cette double sanction temporaire. D'un côté, Daudé avait été puni à juste raison pour un

Dominici en plein dans le vif du sujet.

Le Briviste Townsend dans l'étau bleu.

mauvais réflexe. De l'autre, Ntamack l'avait été à tort pour une phase de jeu dans laquelle il n'avait cherché qu'à se protéger.

Une bonne mêlée avec ballon à l'Écosse aurait été à propos de Ntamack un châtiment largement suffisant plutôt qu'une pénalité assortie d'une expulsion pendant dix minutes. L'arbitre en avait décidé autrement. Mais ces deux mesures qui ont eu la même portée de mise à l'écart de deux joueurs, Daudé et Ntamack, n'avaient pas du tout le même visage d'agressivité. Cette uniformité dans la sanction était très discutable.

Paradoxalement, en agissant ainsi, l'arbitre facilita le retour des Écossais à la marque. Ils ont égalisé (13-13) contre toute attente et, surtout, contre la physionomie générale de la partie. Mais ainsi ils ont rendu un certain suspense à une rencontre qui – pour l'infortune des Écossais – en était singulièrement dépourvue.

En vérité, les Écossais, entreprenants mais peu efficaces, avaient reculé pour mieux sauter. Ils avaient accroché les Français au score, avec la complicité de l'arbitre. Mais quand ces mêmes Français se retrouvèrent au complet – et de plus mieux soudés qu'au début en raison de cette anecdote de l'arbitre –, ils récupérèrent aisément le contrôle des opérations et, par extension, leur supériorité initiale.

Ces fatidiques dix minutes mises à part, le XV de France n'eut pratiquement rien à craindre de l'Écosse. Il avait simplement fallu à Pelous, capitaine d'une phalange disloquée par les événements mais pas nécessairement affaiblie, une dose supplémentaire de persuasion et d'encouragement à l'égard des inédits pour resserrer les rangs de sa collectivité bleue.

Pelous, qui n'est pas homme à rechercher les honneurs au nom d'une vaine gloriole personnelle, s'était intensément investi dans cette tâche de mise en confiance. Lui aussi avait figuré, un moment, parmi les joueurs douteux, sur la vilaine cause d'une contracture dorsale. Il

Ntamack commence son festival de contre-pieds.

aurait, je crois, considéré son forfait contre les Écossais comme une désertion indigne de lui.

Mais, comme beaucoup de ses compagnons d'armes, Pelous est physiquement très éprouvé. Il a perdu – de sa propre confidence – son dynamisme de ces derniers mois. Il se plaint d'appartenir à une « génération sacrifiée ». Bref, il symbolise au plus haut degré le trouble du rugby français.

Puni à tort en première mi-temps, Émile Ntamack avait sans doute un challenge personnel à enlever par la suite. Sur son aile droite, il aurait pu attendre de bons ballons pour les exploiter à sa guise. Cet ailier hors normes ne pratique pas le classicisme comme une doctrine.

Animé par une sorte de rage froide, il est allé en deuxième mi-temps chercher le ballon là où il se trouvait, dans une zone médiane. Et, sur deux débordements éblouissants, entre autres, il a montré qu'il était encore une admirable panthère, un fauve du rugby.

On ne peut jamais douter du talent de Ntamack. Certes, à la faveur de ses multiples emplois dans les lignes arrière – comme centre, arrière ou ailier –, il est passé par des hauts et des bas. Dans certaines occasions, il est même franchement passé à côté.

Parfois, on ne sait même pas qu'il existe, tellement il est transparent. Mais, en regard de toutes ces observations qui ne sont que relatives, comment ne pas souligner que Ntamack est un rugbyman exceptionnel ?

Ses éclairs de génie, en deuxième mi-temps, ne provenaient pas de la stratégie générale du XV de France. Ntamack était simplement, ce jour-là, plus visité par l'inspiration que dans d'autres rencontres. Son individualisme et ses moyens extraordinaires, Ntamack les avait mis au service de

Le « une-deux » des magiciens Ntamack-Magne.

la collectivité. Il avait, au passage, trouvé en Castaignède un génial complément d'inspiration.

Quoi qu'il en soit, en offrant deux essais à Olivier Magne, aussi vif et perçant qu'un trois-quarts-centre, Ntamack avait admirablement rempli sa mission. A eux deux, ils avaient creusé l'écart au tableau d'affichage : Ntamack en préparateur d'un grand mouvement, Magne en remarquable et irrésistible finisseur.

A son niveau présent, Magne, rugbyman français de classe mondiale, pourrait porter le maillot de n'importe quelle équipe de légende. Magne fait un peu peur à ses adversaires car c'est un super-athlète. Ses mensurations (1,88 m, 95 kg) ne sont pas exceptionnelles. Mais ce n'est qu'un détail. Magne ne cultive pas le poids pour le poids, il préfère la rapidité d'exécution et la tonicité à la masse musculaire à l'état pur.

Chaque fois que je vois jouer Magne, je ne peux pas m'empêcher de songer à ce qui se passerait si le XV de France avait le malheur de le perdre, comme ça, bêtement et fortuitement. Or c'est ce qui s'est passé à Murrayfield avec un incident de jeu qui, paraît-il, n'a pas échappé à une caméra investigatrice des faits et des gestes des uns et des autres.

Sur un accrochage avec un Écossais, Magne s'est dégagé avec un coup de tête. Plus spontané que réaliste et méchant. Mais ça coûte cher à un rugbyman exemplaire : empêcher Magne de finir le Tournoi, c'est, quelque part, une décision démesurée par rapport à la réalité d'une faute au demeurant peu évidente.

Une simple pénalité ou un avertissement

L'Écosse à terre, Magne frappe encore.

aurait amplement suffi. D'autant plus que Magne n'a pas plus le profil d'un récidiviste que d'un joueur brutal. La répression est parfois tellement stricte qu'elle ne relativise pas ce qui, parfois, mériterait de l'être.

Dans le cas de Magne, je trouve inconcevable que le barème des sanctions ne puisse prévoir des mesures intermédiaires. Cette lacune gagnerait à être comblée.

En définitive, il me semble que le XV de France doit son succès en priorité à certains talents individuels. Le rendement de la nouvelle paire de demis Laussucq-Merceron n'a pas été totalement satisfaisant. Certaines sorties de ballon étaient très lentes. A tel point que Merceron recevait simultanément le ballon de Laussucq et... un défenseur écossais. C'était évidemment trop pour un seul homme !

Je ne peux pas condamner trop rapidement Laussucq et Merceron, qui ont agi comme ils le devaient, en fonction de leurs moyens et des circonstances. Contre les Écossais, ils se sont à peu près tirés d'affaire. Mais ça ne passera pas devant un adversaire de standing.

Enfin, il n'y a pas de raison de se plaindre. Après sa déconvenue devant l'Angleterre, le XV de France devait se ressaisir. Même si l'on se répète que l'équipe d'Écosse de ce samedi de mars 2000 n'est pas du calibre de certaines phalanges écossaises d'antan, on doit se souvenir que les Français ne s'étaient imposés à Murrayfield que deux fois en deux décennies.

Ces Écossais-là n'attendaient pas le XV de France dans un esprit de résignation. Au contraire. Ils étaient avides d'une éclatante réhabilitation devant leurs compatriotes. Cette donnée psychologique leur permit de faire illusion, pendant une certaine période, devant treize Français.

Dès que le XV de France recommença à jouer à quinze, sa supériorité ne fit aucun doute. Heureusement.

C'était le minimum que l'on pouvait attendre.

SUGGESTION : UN TOURNOI MONDIAL DES SIX NATIONS

Et si l'avenir du rugby, à l'échelle de la planète, se situait dans l'instauration d'un Tournoi mondial annuel des Six Nations ?

Cette évocation d'un Tournoi mondial à Six Nations tire sa vraisemblance d'un constat de base : à savoir que le Tournoi (européen) des Six Nations pèche par la faiblesse de quatre d'entre elles (Écosse, pays de Galles, Irlande, Italie), au plan sportif et financier.

Mais, à côté de l'Angleterre et de la France, l'Europe pourrait être représentée par une sélection réunissant les meilleurs éléments écossais, gallois, irlandais et italien.

En face, l'hémisphère Sud dispose de trois nations de premier plan, l'Australie, la Nouvelle-Zélande et l'Afrique du Sud, les trois seules à avoir remporté la Coupe du monde.

Bref, ce Tournoi mondial opposerait régulièrement les trois meilleures équipes du Nord aux trois meilleures du Sud. Pour concrétiser ce projet, il suffirait d'un aménagement réaliste du calendrier.

Les enjeux financiers et de prestige sont tellement alléchants que je ne doute pas de voir, un jour, le Nord et le Sud conclure un arrangement dans ce sens. Alors, qui osera avancer ce projet au grand jour ?

Le bondissant Murray,
perturbateur des touches.

Jean Cormier

Douche française pour les Écossais !

Bernard Laporte a pris son bâton de pèlerin pour s'immerger dans un championnat brièvement ressuscité entre deux matchs du Tournoi. On le retrouve à Perpignan lors de la visite de Brive. C'est l'occasion de voir à l'œuvre Thomas Liévremont et Raphaël Ibañez côté catalan et David Venditti côté corrézien. Sans oublier de se faire une idée plus précise du comportement des Écossais du CAB, le pilier Tom Smith, le talonneur Steve Brotherstone et surtout l'ouvreur Gregor Townsend qui, depuis le début de la saison, bouscule notre Titou national pour le numéro « 10 ».

La furia catalane emportant tout, Townsend y compris, le coach des Bleus n'a pas vraiment pu juger les Écossais de Brive. Par contre, il a apprécié l'explosive production du capitaine des Sang et Or Thomas Liévremont et le jeu aussi juste qu'efficace de Raphaël Ibañez. Avec, à la fin du match qu'il regarda aux côtés du manager adjoint du XV de France, Jean Dunyach, une partie de portables assez impressionnante. Chacun se démenant pour dénicher le numéro de téléphone de tel ou tel joueur, pour obtenir, entre autres, des nouvelles de Stéphane Glas hors de combat, puis de Richard Dourthe. Laporte parvint également à joindre Aubin Hueber qui en pleura de joie quand il apprit son rappel dans le groupe France. Dans l'avion qui le ramena à Paris, au soir de ce week-end passé à Narbonne (où il a assisté à la courte défaite du Stade français CASG) et à Perpignan, Bernard Laporte est abasourdi par la cascade de forfaits qui s'acharne sur les Bleus.

Par réaction immédiate, il parle de changer les institutions, mais ce n'est évidemment pas lui qui peut tout faire exploser. Par contre, allumer des mèches, oui. Ou, du moins, cautionner l'action de ceux qui le font. Les joueurs évoquent l'idée d'une grève et l'entraîneur de l'équipe de France ne se cache pas pour dire qu'il sera en première ligne avec eux pour faire évoluer les choses. En priorité, mettre en place un calendrier cohérent. Laporte le répète, il a le cul entre deux chaises, la Fédé et la Ligue. La Fédé du président Lapasset qui l'a mis en place et la Ligue de Serge Blanco, contre qui il a joué et qu'il estime capable de trouver des solutions pour améliorer le calendrier.

Bernard Laporte en est encore à ressasser les mots que son homologue Clive Woodward lui a servis à l'apéro du banquet à l'*Intercontinental* des Tuileries après la défaite contre les Anglais : « Mais comment se fait-il que Lamaison ait joué avec Brive la semaine précédente ? Wilkinson, lui, s'est reposé, tout comme six de ses compagnons d'ailleurs, et j'ai annulé trois séances d'entraînement dans la semaine afin de ménager ceux qui avaient des petits bobos. »

À son arrivée au château Ricard, le boss Bernard Laporte s'enferme avec son staff

Gérald Merceron en animateur ardent et adroit.

médical, le docteur Thierry Hermerel et le kiné Xavier Gousse, pour étudier la situation. Et l'on part d'un premier constat sur les traces laissées par France-Angleterre. La liste des blessés est rappelée : Dourthe, hernie hiatale; Penaud, élongation des adducteurs droits; Galthié, problème aux adducteurs; Benazzi, petite élongation au mollet droit; Matiu, problème dorsal, élongation à une cuisse; Brouzet, quinze points de suture à la cuisse droite; Dal Maso, problème acromio-claviculaire à l'épaule droite.

Il a été décidé de laisser Richard Dourthe au repos. Abdel devant s'abstenir, on va donner l'occasion au jeune Sébastien Chabal de plonger dans le grand bain, en lui souhaitant de ne pas connaître la douche écossaise. Avec une charnière inédite formée par le Parisien Christophe Laussucq et le Montferrandais Gérald Merceron. Eh oui, Fabien Galthié, resté à Paris pour recevoir des soins dans le nouveau cabinet de Xavier Gousse, a dû renoncer à mettre ses adducteurs à l'épreuve et le forfait de Richard Dourthe conduit à replacer Thomas Castaignède à l'arrière. Par enchaînement, Gérald Merceron remet les crampons dans le XV de France neuf mois après la pénible explication avec les Tonga en juin 1999 à Nuku'Alofa, perdue 16-20 dans un volcan, étouffant à l'extérieur, brûlant à l'intérieur.

A Paris, au restaurant *La Régalade*, près d'Alésia, dans le XIVe, on défend les intérêts du Coq gaulois. Yves, le patron, toque étoilée s'il en est, n'en met pas moins les Français en garde : « Ces Écossais, qui ont tout de même gagné le Tournoi 1999, vont se rebeller après avoir été secoués à Rome contre les Italiens et dominés à Dublin par les Irlandais. On risque de payer les pots cassés. Surtout qu'il faut bien le dire, on n'a pas la grosse artillerie pour monter à Édimbourg… » Ancien demi de mêlée, le Palois connaît ses classiques. Il ne voudrait cependant pas jouer les oiseaux de mauvais augure. Surtout lui, qui accommode si bien la palombe avec des cèpes ou ce qui passe par sa tête de compositeur en musique culinaire.

En attendant le retour de Stéphane Glas, le plus expérimenté des Berjalliens au haut niveau, Michel Couturas, l'épatant entraîneur des Isérois qui s'entend fort bien avec Bernard Laporte, sait qu'il est inutile d'attendre de ses avants Jean Daudé et Sébastien Chabal qu'ils révolutionnent la manière des Tricolores. En fait, il leur faudrait une tournée à se mettre sous les crampons. Le temps de prendre leurs marques. Les maquignons du rugby – et Laporte en est un – observent d'abord la bête sur pied. Walter Spanghero jaugeait toujours un avant à la largeur de son fessier. Il est vrai que lui en possédait un particulièrement épanoui. « De quoi caler la mêlée », réagit son frère Claude, plus longiligne.

Un ouvrage de plus s'ajoute à la saga des Spanghero. Il est écrit par cet immense personnage qu'était Roger Bastide, parti à l'automne 1999 quand les feuilles mortes chères à Prévert se ramassent à la pelle. La petite pelle à enterrer les morts s'appelle le louché. « Ça sent le louché », disait Bastide quand un de nos amis oiseaux de nuit avait du plomb dans l'aile. Roger Bastide a rejoint dans le Grand Après Antoine Blondin et aussi Jean Castel, l'ancien avant-aile du Racing, qui tenait la nuit parisienne à bout d'âme. La vieille garde des amis des trois disparus souhaite qu'un ultime marathon des Leveurs de coude (42 bistrots au lieu de 42 kilomètres) salue à Saint-Germain-des-Prés, en 2001, pour les dix ans du décès d'Antoine, la mémoire des Papas. Jo Maso, manager des Bleus mais aussi proche d'eux, sera de la fête. Tout comme Benoît Dauga, Christian Carrère et Jean-Pierre Rives, ce dernier étant l'un des créateurs de la revue *Quatre Saisons* réalisée avec et autour d'Antoine Blondin.

Et d'un pour la France, merci « Petit Tom ».

Mais rejoignons Édimbourg, ville au charme fascinant qui impose le respect. En 1999, les Écossais avaient mené avec allégresse le bal de Saint-Denis en inscrivant au firmament du beau jeu cinq essais après s'être engouffrés impunément dans une défense friable. Seuls, de cette défaite (22-36), restent six Français, trois avants, les piliers toulousains Califano et Tournaire et le deuxième ligne Brouzet plus un autre Toulousain, Ntamack, qui évoluait à l'arrière, l'ailier parisien Dominici et le Castrais Castaignède retenu à l'ouverture. Vexé par les reproches qui lui avaient été adressés à la suite du match contre les Anglais, le Petit Tom débuta l'explication avec une fantastique accélération qui cloua sur place la défense adverse et il fut à deux doigts de conclure derrière la ligne écossaise. Las, il resta au sol pour s'en relever avec une entorse du genou droit !

L'écrivain toulousain Alain Leygonie, qui a établi ses quartiers du soir aux *Piquillos*, route de Blagnac, chez Jean-Marie Cadieu, est du voyage. Dans son paquetage figure son dernier roman, *La Musaraigne*, jolie petite souris qu'il a tant aimée. En fait, une de ses élèves de philosophie. Sa noire moustache vibre quand il explique : « Thomas Castaignède est un rugbyman comme je les aime, capable de renverser le cours d'un match. Un improvisateur qui sait jouer la musique du rugby. Heureusement qu'il y a encore, dans ce sport qui se déshumanise, des garçons comme lui… »

Le Petit Tom, avec le plus fort des numéros dans le dos, le 15, a dans les jambes des fourmis qui le démangent délicieusement et l'incitent à des courses – si ce n'est les plus folles et les plus aventureuses, parfois mal reçues dans le rugby pro – franchement entreprenantes. A l'image du premier essai des Bleus qu'il marque en se vengeant de sa malheureuse entame de 1999. Au moins, les Français prouvent qu'ils n'avaient pas peur, ni de l'adversaire ni de perdre. C'est en effet en jouant une pénalité à la main à 5 mètres seulement de

Chabal : il ira loin, il saute déjà haut.

Smith : le refus d'abdiquer.

leur ligne et en se transmettant des ballons à l'ombre de leurs poteaux, comme s'ils jouaient à VII, qu'ils permirent à leur arrière de franchir la ligne écossaise après un renversement de jeu entre Califano et Dominici. Cali passa d'ailleurs son ballon avec la dextérité d'un centre.

C'est parce que ce match est parti dans tous les sens, chaque équipe prenant plaisir à se montrer plus aventurière que l'autre, que l'on pressent qu'il va être crazy, crazy, crazy ! La question se pose de savoir si c'est la bonne manière devant des Écossais qui se régalent d'autant plus que le jeu est débridé. La réponse approche. De toute façon, l'équipe de France n'a pas tellement le choix. Tenter de cadenasser le match sans ses demis titulaires, ni Abdel Benazzi et encore moins Richard Dourthe, ce n'est pas évident du tout. Alors, que ça pète de partout et au meilleur la guirlande !

Pourtant, loin de libérer les Bleus, l'essai de Petit Tom a plutôt tendance à les bloquer. Leur jeu devient frileux, s'étrique. Au lieu de s'amuser à tout va en se lâchant complètement, les visiteurs commettent des fautes qui se traduisent par des points pour l'Écosse : 3-7 et après un but de Merceron, le buteur de service, 6-10. Ce sera le score à la mi-temps. L'addition reste raisonnable pour les Français, qui peuvent remercier les buteurs d'en face d'avoir raté la cible plus souvent qu'à leur tour. Townsend est certes plus en vue qu'il ne le fut contre l'USAP, mais son jeu n'en manque pas moins de consistance. Ses passes sont des petits chefs-d'œuvre. Par contre, ses choix sont parfois critiquables et son jeu au pied manque d'efficacité. Pour sa part, son vis-à-vis Gérald Merceron s'en tire plutôt correctement.

En fin de première mi-temps se produisent deux incidents qui pourraient avoir une fâcheuse influence sur la suite des opérations. C'est d'abord Émile Ntamack, joueur propre et loyal s'il en est, qui, pris dans la tourmente d'un regroupement, écope d'un carton jaune. Ce qui semble pour le moins sévère ! Puis, c'est au tour du géant Jean Daudé de connaître les foudres de Mr Steve Lander. Il eut le tort de s'accorder une obstruction sur Townsend, vérifiant que la loi du Tournoi est plus sévère que celle du championnat. Ces deux cartons jaunes fragilisent l'équipe de France qui se prépare à entamer la seconde mi-temps à treize.

Les Écossais ne s'y trompent pas et se lancent dans le combat à corps retrouvé. Ils ne tardent pas à être payés de leurs efforts par un essai du demi de mêlée Andy Nicol, moins charismatique que son prédécesseur Gary Armstrong, qui faisait marcher ses hommes sur la lune. Ainsi les Highlanders s'emparent-ils de la direction des affaires, poussés par *Flowers of Scotland*, le chant de guerre des hommes en kilt. Un but de Gérald Merceron, dont le pied ne tremble pas, remet les deux équipes à parité 13-13 et… à quinze contre quinze, puisque Milou est revenu et que Jean Daudé a été remplacé par Fabien Pelous qui cède, comme cela

Cali se débat pour déclencher la marée bleue.

Pour les Écossais, un seul essai, signé Nicol.

Thomas Liévremont, retour en grâce et en force.

devient une habitude, son maillot de troisième ligne-centre à Thomas Liévremont.

A ce moment-là on sent que les Français n'ont pas devant eux une grande équipe d'Écosse. C'est le temps des changements pour la ligne d'avants des Bleus. Après Thomas Liévremont, Arnaud Costes entre à la place de Sébastien Chabal, Peter De Villiers à celle de Franck Tournaire et Raphaël Ibañez à celle de Marc Dal Maso. Du sang neuf qui réactive la machine. Du coup, les vingt dernières minutes seront françaises. Christophe Laussucq, l'élève de Bernard Laporte au Stade français, qui jusque-là n'avait pas cassé trois pattes à un aigle, délivre une astucieuse passe au pied à Émile Ntamack, qui dénoue le match. Milou accélérant creusa la différence et offrit un golden ballon à Olivier Magne, magnifique flanker toujours le nez au vent à humer les bons coups : 18-13 ; on commence à respirer parmi les rangs des supporters français. Pas pour longtemps.

Le plus entreprenant des Écossais, le jeune et très fringant Chris Paterson (21 ans) – qui a relégué à l'aile le pourtant séduisant Glenn Metcalfe, venu de Nouvelle-Zélande – passe un but qui ramène la marque à 16-18. Autant dire que le Chardon n'était pas encore cuit ! Même s'il s'en défendra, on a l'impression que son carton jaune a piqué Ntamack au vif et qu'ainsi il est devenu un enragé de l'attaque. Après son premier coup de griffe, la panthère noire du Stade toulousain déchire une nouvelle fois la défense écossaise sur un ballon mal dosé, délivré au pied par Gregor Townsend. De sa course chaloupée, Milou mord dans les rangs adverses avant d'envoyer son frère de beau jeu Olivier Magne, devenu ailier, de l'autre côté de la ligne des Highlanders pour un deuxième essai qui déclencha les applaudissements du public. Un « à toi à moi » d'exception qui anéantit les chances des représentants des clans.

L'équipe de France a la chance de posséder quelques individualités d'exception, qui parviennent, bon gré mal gré, à faire pencher la balance du côté souhaité. Émile Ntamack et Olivier Magne ne sont heureusement pas seuls. Christophe Dominici et Thomas Castaignède appartiennent eux aussi à la race des surdoués. Accrocheur, le premier ne fut pas servi par la chance, mais tenta le diable pour l'aimanter, notamment sur un petit coup de pied qu'il tapa pour lui-même après s'être échappé d'un carcan de joueurs. On crut qu'il allait rééditer son exploit signé contre les All Blacks en demi-finale de la World Cup à Twickenham, mais cette fois le rebond ne sourit pas. Le second démontra qu'il mûrissait fort bien à l'arrière, donnant raison à Bernard Laporte.

Thomas Lombard, au-dessus de tout soupçon, sans faire de bruit, est devenu un titulaire à part entière. Même si les esprits chagrins ne manqueront pas de lui reprocher d'avoir été sanctionné à l'heure de jeu, alors que la voie de l'essai était ouverte, le solide attaquant parisien ne perdit jamais le ballon et démolit les offensives écossaises avec jubilation. Sébastien Chabal, même s'il s'est enrhumé en défense, a marqué quelques points grâce à sa générosité, avec d'énormes battoirs qui lui permettent d'arracher le ballon des regroupements.

Ce n'est pourtant pas le genre de match dont on reparlera dans plusieurs années, installé devant un feu de cheminée à manger des châtaignes et en buvant du vin de pomme. C'est ainsi qu'on appelle le cidre au Pays basque, « xagara ardoua ». Une équipe d'Écosse plus gaillarde n'aurait pas laissé filer l'occasion de marquer beaucoup de points à une équipe réduite pendant huit minutes à treize joueurs. Hormis Budge Pountney, l'avant-aile du club anglais de Northampton, les avants nordistes ont dans l'ensemble été incapables de prendre réellement l'affaire en main. Si la mêlée bleue s'avéra à la hauteur, la touche rappela de mauvais souvenirs, un certain France – Fidji en match de poule de la Coupe du monde. L'organisation adverse joua un

Magne-Castaignède, deux grands attaquants.

Et, en conclusion, l'essai de l'aigle Magne.

vilain tour aux Français, avec ce diable d'athlète qu'est Scott Murray comme élément perturbateur.

Mr Steve Lander, qui s'est trompé en « cartonnant » Milou mais qui dans l'ensemble n'abusa pas de sa fonction, siffla la fin du match par un 28-16 sans appel en faveur des Français. Fabien Pelous rejoignit les vestiaires avec le front ouvert et Olivier Brouzet avec une entorse à la cheville. La dernière image que nous garderons de ce match où il y eut à boire et à manger – à notre goût, pas assez d'alcool enivrant et insuffisamment de variété au menu – est celle d'un jeune homme radieux, venu de La Rochelle, nommé Jean-Baptiste Elissalde. Coupe de cheveux soignée, on ne badine pas avec le règlement d'une vie régulière chez les Elissalde, dans la lignée d'Arnaud le grand-père, formidable personnage parti de Bayonne pour se poser plus haut sur la côte atlantique, devenir poissonnier et fabriquer un international à la mêlée Jean-Pierre, devenu entraîneur. Le père de Jean-Baptiste. A la porte du XV de France, Jean-Baptiste n'a goûté que deux petites minutes au plaisir de revêtir le maillot frappé du Coq, mais elles n'ont pas été perdues. Il a eu le temps de toucher un ballon et de se lancer dans un élégant et vif slalom portant la marque de fabrique de la famille. Signé Elissalde.

A l'heure du bilan, Fabien Pelous, capitaine fourbu, relève : « Cela fait tout de même trois matchs que nous n'encaissons pas un seul essai. Notre défense tient bon. Quant à notre organisation collective, elle peut certes encore être améliorée. Telle qu'elle est, elle fait l'affaire. Nous sommes tombés sur une équipe d'Écosse toujours aussi enthousiaste qui se déplace et se replace très vite. Compte tenu des circonstances nous n'avions pas les moyens de gaspiller de l'énergie inutilement. C'est vrai, il n'a pas fallu perdre de temps et, surtout, ne pas paniquer. Maintenant il faut se préparer pour un tout autre défi physique contre les Irlandais… »

Tout est joué : sans rancune et à la prochaine fois.

DU FAUX COUP DE BOULE DE MAGNE AU VRAI MALAISE DU RUGBY FRANÇAIS

Touché contre le pays de Galles, Charly Magne avait heureusement repris sa tenue du Tournoi pour livrer un match immense. Cependant, dans la soirée, une nouvelle calme sa joie. Il serait cité par ce filou de John West, ancien arbitre dit « ami de la France », qui possède un profil à la Croquignol dans les Pieds Nickelés. Cité pour quoi ? Pour avoir simulé un coup de tronche au « 8 » écossais Stuart Reid en représailles après que ce même Reid lui eut arraché son casque dans un regroupement en lui lacérant le cou avec la lanière. Mais les caméras de télé sont de redoutables mouchardes. En bloquant sur l'image la plus proche de ce qui aurait dû être le point d'impact sur le front de Reid, on est persuadé que sur l'image suivante le visage de l'Écossais va se couvrir de sang. En fait, Reid était au banquet, souriant, élégant, intact. Et pour cause, le coup de boule de Charly n'a pas porté !

Il a simplement voulu se venger du geste peu correct de son adversaire, en lui faisant comprendre que s'il y revenait il ne tomberait pas sur un ingrat. Comme la BBC a passé en boucle l'image, montrant « l'énorme coup de tête de Magne sur un adversaire », en même temps que les inondations au Mozambique et l'arrivée de Pinochet au Chili, « l'ami de la France » n'a pas voulu se dégonfler et... a gonflé l'histoire. Défendu par les Basques, Mauriac, l'avocat de la FFR, et Camou, le président de la Côte basque, Charly s'en tirera avec trois semaines de suspension. Et pour Stuart Reid, rien, bien sûr.

C'est donc sans son flanker-miracle que le XV de France recevra les Diables verts irlandais sur fond de grogne. Après les affaires Ferrasse-Fouroux qui nuisirent au bon rendement de l'équipe de France de Serge Blanco en Coupe du monde 1991, c'est aujourd'hui un bras de fer entre les présidents des deux institutions qui régissent le rugby, Bernard Lapasset pour la FFR et Serge Blanco (comme la roue tourne) pour la Ligue professionnelle. Chacun voit midi à sa porte ; Lapasset à celle de l'ensemble du rugby français, Blanco plus spécifiquement à celle des pros, chacun défendant ainsi sa partie. Bernard Laporte – « le cul entre deux chaises » comme il le dit lui-même – remue tout pour aboutir à quelque chose. Quelque chose qui permette au calendrier de s'humaniser en s'harmonisant. En attendant que ça bouge vraiment, force est de constater que l'équipe de France pêche par manque de discipline. Et ce n'est pas le « faux coup de tronche » d'Olivier Magne qui nous incite à écrire sur le sujet. Ce sont les cartons jaunes accumulés depuis le début du Tournoi. Cinq en trois matchs : Venditti, Brouzet, Betsen, Ntamack et Daudé, ça fait beaucoup. Et là, Bernard Laporte réagit : « Nous payons les arriérés du Mondial, certes, mais cela démontre aussi que notre championnat ne prépare pas nos joueurs à être disciplinés. » Pauvre championnat : il a bon dos, il prend des coups de partout, plus qu'il ne s'y en donne dans ses propres matchs. Alors qu'on l'opère, qu'on le désosse, qu'on lui mette une greffe afin qu'il soit régénéré et que nos internationaux s'y sentent à l'aise. A défaut d'une opération en douceur, alors, que ça pète une fois pour toutes !

Ainsi, tout sera au grand jour.

France - Irlande : 25-27

Mi-temps : 13-7

Date : 19 mars 2000.
Terrain : Stade de France.
Affluence : 78 500 spectateurs.
Temps : temps frais, pelouse neuve.
Arbitre : M. P. Honnis (Nouvelle-Zélande).

France			Irlande
Ntamack (Toulouse)		**15**	Dempsey
Bernat-Salles (Biarritz)		**14**	Maggs
Desbrosse (Toulouse)		**13**	O'Driscoll
Glas (Bourgoin)		**12**	Henderson
Bory (Montferrand)		**11**	Hickie
Merceron (Montferrand)	o	**10**	O'Gara
Laussucq (Stade français)	m	**9**	Stringer
Liévremont (Perpignan)		**8**	Foley
Benazzi (Agen)		**7**	Dawson
Costes (Montferrand)		**6**	Easterby
Brouzet (Bègles)		**5**	O'Kelly
Pelous (Toulouse), *cap.*		**4**	Gallwey
Tournaire (Toulouse)		**3**	Hayes
Dal Maso (Colomiers)		**2**	Wood, *cap.*
Califano (Toulouse)		**1**	Clohessy

Remplaçants français : Venditti (Brive), Penaud (Toulouse), Hueber (Toulon), Belot (Toulouse), Mallier (Brive), De Villiers (Stade français), Ibañez (Perpignan).

Remplaçants irlandais : Mullins, Humphreys, Easterby, Brennan, Johns, Fitzpatrick, Sheahan.

Les points

France : un essai, Laussucq (28e) ; une transformation, six pénalités (5e, 10e, 42e, 54e, 60e, 68e), Merceron.
Irlande : trois essais (22e, 56e, 74e), O'Driscoll ; trois transformations (22e, 56e), O'Gara, (74e) Humphreys, deux pénalités (64e, 78e), Humphreys.

La physionomie

Les Français ont l'occasion de tuer le match dans le premier quart d'heure. Ils ont le grand tort de ne pas le faire, car ils permettent aux Irlandais d'y croire et de rester dans la partie. Usés, fatigués, les Bleus manquent de lucidité et de finition. Pendant qu'ils perdent des essais et des occasions en route, le fringant et magnifique O'Driscoll marque trois essais et devient en cette Saint-Patrick héros national des deux Irlandes.

Les autres matchs : à Rome, Italie-Angleterre 12-59 ; à Cardiff, Galles-Écosse 26-18.

Pierre Albaladejo

Les yeux pour pleurer

Évidemment, si David Bory avait marqué son premier essai au Stade de France sur son premier ballon dans la première minute de son premier match international comme ailier du XV de France, l'affaire aurait été pliée autrement qu'elle ne le fut. Et ce France-Irlande de tous les regrets aurait accordé un sursis de plus à une équipe de France réellement en mauvaise posture et qui, pour 2 points (25-27), a perdu la face en même temps que la foi en son potentiel. Sans oser même évoquer le jeu enthousiaste entrevu en Coupe du monde et le 5 février à Cardiff contre le pays de Galles…

En gros, cette partie de mars, les Français ne devaient jamais la perdre, et ce quelle que soit l'analyse de la valeur collective des Irlandais. Curieusement, les Irlandais avaient laissé leur aveuglement traditionnel au vestiaire et ils avaient canalisé leur ardeur.

En théorie, les Français auraient pu contenir les Irlandais. C'était une affaire de cœur et de clairvoyance. Mais ce XV de France s'est incliné en bafouant son standing, et en s'étant égaré dans les dédales d'un rugby cherchant la complication par culture de l'habitude. Tout cela était consternant. Et pathétique.

S'il faut admettre que cette rencontre reflète la qualité présente du rugby français, il y a matière à être soucieux. Quitte à passer pour un optimiste impénitent, à contre-courant des tendances ou des idées toutes faites, je range cet échec d'un jour sur le compte d'un de ces fâcheux incidents qui émaillent l'histoire d'une équipe. Il est dommage que ça se soit passé au Stade de France. Mais on ne choisit pas l'endroit d'une défaite.

Cela posé, cette péripétie n'est néanmoins que la conséquence d'une grave carence dans la stratégie d'exploitation des ballons. Les Français n'avaient pourtant aucune raison de se plaindre en cette affaire. L'image majeure qui subsiste de cette partie est relativement réconfortante. En effet, dans les opérations essentielles de conquête, en touche, en mêlée ou sur les regroupements, autant sur des phases statiques que mobiles, les Français ne s'en laissaient par conter par les Irlandais.

Pelous, Brouzet, Benazzi et consorts donnaient le ton, avec une marge assez suffisante pour permettre à tout le monde, Bernard Laporte et Jo Maso en tête, de croire que le bilan final de ce France-Irlande allait se traduire par une quarantaine de points à l'avantage des Français. Ce n'était, pensait-on, qu'une question d'opportunité. Le plus tôt était évidemment le mieux.

Pendant longtemps – mettons une bonne heure pour faire large mesure –, on a cru que les Français allaient subitement s'épanouir et submerger leurs adversaires. Ils dominaient copieusement les Irlandais. Ils écartaient le jeu avec obstination. Avec des éclairs de classe signés Ntamack, Bernat-Salles, Glas ou Bory, la défense irlandaise était vulnérable. Pourtant, l'échec attendait les Français au bout de ce récital de rugby décousu et maladroit, peut-être, mais quand même entreprenant. On avait accordé trop d'importance à des déclarations d'intention.

Le pire était encore à vivre. A la sortie de la pelouse, quand les Français se voient battus – et piteusement, de surcroît, sur un essai des ultimes minutes de Brian O'Driscoll –, ils ne peuvent hélas s'en prendre qu'à eux-mêmes. Quel que soit l'angle d'examen de cette rencontre, même avec toutes les circonstances atténuantes possibles, on se résigne à un triple pénible constat : à savoir que les Français ont constamment manqué de sérieux dans leur

Malgré tout, il n'y aura pas essai pour David Bory...

manière, ne sont pas restés assez concentrés sur une stratégie précise et n'ont pas assez pris conscience de leur impuissance d'attaque.

Il ne sert à rien d'accuser telle individualité plus que telle autre. Cette défaillance devant des Irlandais intrépides de bout en bout et jamais découragés est celle de toute une communauté. En vérité, le XV de France s'est extrait peu à peu des exigences de ce match en s'illusionnant sur lui-même. Leur supériorité initiale, partiellement concrétisée par la suite, a endormi les Français.

Cet engourdissement progressif tourna au phénomène collectif. En se glissant dans un certain confort, physique et tactique, les Français se sont démobilisés tout seuls. Chaque fois qu'ils se donnaient un certain avantage au score (13-7 à la mi-temps, 22-14 à l'heure de jeu, entre autres variations), ils étaient persuadés de pouvoir poursuivre sur cette lancée et se détacher au tableau d'affichage. Cette inconscience était grave. Quand on porte le maillot du XV de France, on n'a pas le droit de se comporter ainsi.

En quittant le terrain, les Français étaient abasourdis. Tous autant qu'ils étaient, ils prenaient mal conscience de leur revers. En cas limite même, à les entendre par la suite, ils n'étaient pas revenus de leurs égarements.

Au fond, tout s'est peut-être joué dès la première minute. Cette première offensive du XV de France synthétisait toute la stratégie du jeu prétendument moderne. C'est-à-dire qu'au centre du terrain on lance des défis physiques et on s'y empêtre alors que, sur les extérieurs, il reste de grands espaces à exploiter.

Sur le mouvement qui aboutit à l'essai refusé de Bory, les Français étaient revenus bêtement à l'intérieur pour aller y rechercher un défenseur irlandais qui n'avait aucunement l'intention de protéger sa ligne de but avec la virulence ancestrale des rugbymen de sa trempe.

Pour moi, l'entame de ce France-Irlande a été la plus douce de la part des Irlandais depuis un demi-siècle. Depuis que je bourlingue dans le monde du rugby, je n'ai jamais vu une équipe d'Irlande attaquer un match aussi mollement. Ces Irlandais étaient positivement méconnaissables, du moins par rapport à eux-mêmes et à leur tradition. A masquer leur virulence organique, ils n'en étaient que plus dangereux.

Surpris, voire décontenancés, par cette mollesse, les Français se sont déconcentrés. Ils ont pensé, sur-le-champ, qu'ils auraient un après-midi de tout repos. Ils n'ont donc pas concrétisé quand ils devaient impérati-

Glas s'en aperçoit à ses dépens : c'est dur!

vement le faire, pour se donner une certaine avance chiffrée. Ils ne se sont pas inquiétés outre mesure. Leur retour à la réalité, dans les vestiaires, n'en fut que plus amer.

Les Français avaient des coups à jouer à cinq contre un. Les Irlandais mordaient sur toutes les occasions de regroupements : ils laissaient tellement d'espaces libres que, du bord du terrain, on imaginait déjà les Français en train de s'y engouffrer. Au lieu de ça, ces mêmes Français s'égaraient dans des combinaisons incompréhensibles, en facilitant la tâche des Irlandais. La déception était programmée.

Dans ces circonstances, se pose la question de la vision du jeu, de la stratégie et de l'exploitation des zones dégagées. A ce sujet, les demis, Laussucq et Merceron, portent une responsabilité importante dans la distribution et la répartition des ballons.

J'ai vu beaucoup de ballons joués au pied, en n'importe quel endroit du terrain, alors qu'ils convenaient bien pour être exploités à la main, dans le mouvement, avec même une concrétisation vraisemblable à la clé. Mais je me souviens aussi avoir vu l'inverse, c'est-à-dire des ballons que les Français se passaient dans les pires conditions qui soient, sous la pression des Irlandais, quitte à reculer, alors qu'il aurait suffi d'un banal coup de pied pour se sortir d'une situation périlleuse.

Cette alternance de jugements inadaptés aux circonstances a duré quatre-vingts minutes. Il paraissait impensable de persister systématiquement dans des contradictions aussi manifestes. Et pourtant les Français l'ont fait, en facilitant la tâche des Irlandais, lesquels n'en demandaient pas tant.

Au passage, qu'on le veuille ou non, ce succès du XV d'Irlande est très symbolique puisqu'il permet aux Irlandais de 2000 d'effacer de longues années d'humiliations répétées. Mais, en toute franchise, le rugby irlandais est quand même l'une des pauvretés du Tournoi.

*
* *

Si l'on approfondit l'analyse du comportement des Français, la tentation de mettre en cause le capitaine, Fabien Pelous, est inévitable.

Il est commode de reprocher à Pelous, avant exemplaire de générosité, de trop plonger dans la bataille à corps perdu et de ne pas, de temps à autre, lever le regard sur le jeu. C'est effectivement une contradiction de base qui pourrait expliquer toutes les autres. Mais un grand avant du format de Pelous se prend comme il existe, avec tous ses moyens physiques et son authentique dimension de meneur d'hommes.

Thomas Liévremont l'incendiaire met le feu aux poudres.

Le problème du capitanat se situe ailleurs. Il est vrai qu'en donnant à Fabien Pelous les galons de Raphaël Ibañez, sans réellement destituer ce dernier tout en le destituant, Bernard Laporte avait sensibilisé l'opinion sur la mission et la personnalité du capitaine.

Quand on porte le maillot du XV de France, il est normal et élémentaire de s'en remettre aux ordres de son capitaine. Attention : attendre beaucoup de son capitaine ne signifie pas en attendre trop. Les Français de ce jour étaient un peu perdus. Dans le vestiaire, avant le coup d'envoi, Pelous avait défini la stratégie du match, dans ses grandes lignes, sous le regard de l'entraîneur et en liaison avec lui.

Dès lors que les joueurs pénètrent sur la pelouse, c'est bien le talent qui doit s'exprimer à fond. Il appartient aux internationaux d'exploiter leurs qualités en fonction de l'adversaire. Des joueurs de club peuvent être excusés pour leur manque de clairvoyance. Mais pas des internationaux comme ceux de ce jour, opposés à des adversaires somme toute à leurs mains.

En ce France-Irlande ambigu, le talent français est resté pratiquement lettre morte. Face à des Irlandais entreprenants mais contrôlables, il fallait simplifier son propre registre, se replier sur un rugby direct et alerte, sans nécessairement privilégier le contact physique.

En gros, alors que les Irlandais ne tenaient pas à des affrontements physiques répétés – ce qui était une véritable nouveauté tactique –, les Français ajoutaient de l'eau au moulin des Irlandais en recherchant des empoignades frontales, d'une stérilité avérée. A ce jeu d'aveugle, les Irlandais récupéraient des ballons et amélioraient leur défense. Ils n'en demandaient pas tant.

Au fur et à mesure de la rencontre, ces Irlandais furent mis en confiance par les Français. La stérilité des attaquants français dans le maniement du ballon réconfortait automatiquement les Irlandais. Le

Milou Ntamack, tentative pour redresser la barre…

maigre bilan d'un seul essai – de raccroc par surcroît – était révélateur de l'impuissance manœuvrière d'une équipe de France sans tactique vraiment claire.

Le schéma qui prenait forme sous nos yeux devait tourner, inévitablement, à l'avantage des Irlandais. Ceux-ci, de plus en plus confiants, s'en remettaient à leurs deux centres, les puissants Henderson (103 kg) et O'Driscoll (90 kg), deux garçons qui débordaient de bravoure et d'entrain. Pendant que les Français s'en tenaient à leur unique essai, les Irlandais en obtenaient trois par le seul O'Driscoll, étonnant de fraîcheur et d'inspiration, surtout sur son troisième essai qui sonnait le glas définitif des espoirs irraisonnés d'un XV de France en désarroi.

Le contraste était accablant. Là où les Français s'étaient empêtrés dans des combinaisons stéréotypées, sortes de séquences offensives exécutées au ralenti, Henderson et O'Driscoll se réjouissaient de s'infiltrer dans un réseau défensif curieusement perméable. En fait, en ce Tournoi 2000, attendu comme celui de la modernité du rugby, on retrouvait chez les Irlandais le plaisir que l'on croyait désuet et envolé de l'attaque en première main.

D'accord, le score avait entretenu les illusions des Français. En faisant le plein de six pénalités (toutes transformées par Gérald Merceron), le XV de France s'était trompé de chemin. Avec un soupçon d'audace et d'imagination dans le mouvement, sous l'impulsion de Glas et de Ntamack, les attaquants auraient pu déstabiliser des Irlandais que je persiste à juger vulnérables.

Au lieu de ça, sans que quelqu'un soit plus coupable qu'un autre, les Français de Pelous se sont arc-boutés sur un rugby étroit et mesquin, au moins dans sa conception, trop à l'image de ce que l'on déplore actuellement. A la décharge des attaquants, l'absence de Magne pour des raisons pas vraiment nettes les privait d'un précieux relais au milieu du terrain. Un Magne ne se remplace pas.

L'heure est grave et le diagnostic est alarmant. Si le XV de France n'est pas – ou plus – capable de s'imposer dans son royaume de Saint-Denis, sur une équipe d'Irlande qui n'est pas un foudre de guerre, c'est bien parce que le mal est profond. Cette défaite malencontreuse et inattendue – parce que consommée sur la fin – tombe à un très mauvais moment pour le rugby français.

Quelques mois après la Coupe du monde, on attendait gros des Français. De même que l'on espérait beaucoup du Tournoi des Six Nations. Ce rugby professionnel était en expansion, paraît-il. Il était en train de devenir un produit supérieur, dynamisé par un marketing puissant et très facile à vendre. Il y a malentendu.

On se rend compte – ce France-Irlande en est un témoignage supplémentaire – que ce rugby n'est plus éducatif du tout. Il a perdu son pouvoir attractif. A partir de cette base, c'est toute la pyramide qui est fragilisée.

Il est maintenant difficile – voire impossible – de faire comprendre que ce jeu est resté ce qu'il était, c'est-à-dire un sport éducatif, ouvert à toutes les catégories de jeunes garçons et leur permettant de s'exprimer généreusement. Ce rugby d'aujourd'hui n'est fait que de défis physiques : tout commence et se termine dans des phases statiques. La conquête du ballon n'est réservée qu'aux plus costauds. L'intelligence de l'exploitation du ballon n'a même plus de raison d'être. Et c'est bien ça le pire.

Ne nous masquons pas cette vérité : quand un sport n'a plus rien d'attrayant à proposer à de jeunes adeptes, il se stérilise lui-même sur l'instant et détruit son futur. Bref, l'inquiétude qui nous saisit est corrosive.

Depuis des années, le rugby est programmé en France pour s'épanouir dans l'opinion, progresser dans les médias par la valorisation de ses meilleures affiches et de sa culture traditionnelle et attirer les jeunes. Ce France-Irlande, qui n'a laissé qu'une impression faiblarde, est un coup d'arrêt dans une stratégie d'évolution bien plus difficile qu'on ne le croit.

Il serait temps maintenant que toutes les autorités impliquées dans la gestion du rugby français prennent conscience de la complexité du moment : la rénovation du jeu commence par une équipe de France

L'étau vert se resserre autour de Pelous et de Benazzi.

séduisante et entreprenante. L'éternelle référence à la demi-finale de la Coupe du monde contre les All Blacks n'est qu'un phare dans la brume de toutes nos incertitudes.

A ce point du raisonnement, après s'être interrogé sur le rôle du capitaine, il faut se pencher sur celui de l'entraîneur. Bernard Laporte revendique, à ce jour, le devoir de travailler seul et d'assumer, en solitaire responsable, toutes ses décisions dans le choix des hommes et des options de jeu. Pour moi, il se borne à payer les pots cassés.

Le rugby produit par le XV de France n'est pas celui que voulait Laporte. Ce dernier avait une équipe en tête et, compte tenu de l'avalanche d'impondérables qui l'a submergé, il a sauvé les meubles en appelant des inédits ou des seconds couteaux à la rescousse.

Chaque fois que Laporte mettait au point une stratégie, en fonction des individualités qui lui convenaient, il se voyait remis en question par les forfaits qui survenaient. En réalité, Bernard Laporte n'a jamais pu, depuis Cardiff, aligner son équipe, il s'est borné à rebâtir une sélection approximative.

Comme Laporte est un homme qui a annoncé la couleur, celle du travail collectif, il faut lui rendre cette justice qu'il n'a pas été aidé par les circonstances cette année. Il a mangé son pain noir et comme il était victime plus que responsable de toutes les modifications qu'il devait assumer, il bénéficie encore de tout le crédit qui lui a été justement accordé lors de sa nomination à la tête du XV de France.

Quant aux joueurs eux-mêmes, les vaincus de la dernière minute d'un match amplement à leur portée, je ne tiens pas à m'attarder sur eux. Je considère qu'ils ont failli tous ensemble. Il ne sert à rien d'extraire tel ou tel du lot, dans la mesure où les éclairs lancés par les Français n'ont jamais été très significatifs.

Certes, il reste évident que Ntamack a apporté beaucoup au XV de France chaque fois qu'il s'est installé en position d'ailier. Il portait le danger en lui. Il était le seul à pouvoir renverser la vapeur. Il n'y est néanmoins jamais parvenu, car il restait assez de fraîcheur physique chez les Irlandais pour monter une défense vigilante. Et à lui seul,

Benazzi exécutant une passe aérienne, du grand art!

C'est lui, O'Driscoll, héros irlandais et monstre du jour.

dans un environnement peu en verve, Ntamack ne pouvait pas prendre tous les Irlandais en défaut.

En conclusion, ce XV de France n'a pas abordé la partie comme il aurait dû le faire, c'est-à-dire en retirant du potentiel physique aux Irlandais afin qu'ils paient, eux aussi, l'addition (inévitable) du dernier quart d'heure. Pour ne pas avoir assuré cette précaution élémentaire, les Français ont été pris au piège.

L'image d'O'Driscoll transperçant les rangs français avec une aisance insolente n'en finit pas de hanter la rétine des spectateurs de ce match. Ils s'attendaient à une démonstration à sens unique des Français. Au lieu de ça, dans le dernier quart d'heure, les Irlandais ont prouvé, par leur vitalité intacte, que les Français ne les avaient pas assez travaillés au corps, en temps utile. C'est pourtant une notion élémentaire du rugby, à tous les échelons.

La vraie défaite du XV de France, elle se situe aujourd'hui dans son incapacité à marquer cinq ou six, voire sept ou huit essais. En se contentant d'un seul essai, les Français se sont trahis eux-mêmes. Ils ne sentaient pas les Irlandais assez forts pour leur poser des questions. Alors, ils ont vécu dans une certaine décontraction en se croyant sûrs de concrétiser tout quand ils le voudraient.

Ce n'était qu'une erreur de plus. En rugby, on ne doit pas laisser passer les occasions. En première mi-temps, les Français ont gâché les quatre occasions d'essais à eux offertes. A partir de cette carence, ils devaient s'attendre à payer la note. Je reconnais que cette note a été chèrement payée par eux.

Dix minutes avant le coup de sifflet final, le XV de France avait gagné. Il a suffi d'un essai d'O'Driscoll pour faire basculer le score. Le pire est arrivé. Il ne nous reste plus que les yeux pour pleurer.

Triomphe total pour O'Driscoll et toute l'Irlande.

Jean Cormier

O'Driscoll, que vous êtes beau !

La scène se passe dans les vestiaires du stade Jean-Bouin, à Paris, le dimanche 12 mars, après le fort beau match de championnat Stade français CASG-La Rochelle (47-25) : Thomas Lombard, la jambe droite serrée dans une gaine de protection, pleure ses illusions perdues. Fini le Tournoi, la Coupe d'Europe et le championnat de France. Christophe Dominici reçoit quinze points de suture sous le genou droit, un accident du jeu sous forme de coup de crampon évidemment involontaire. Les deux Parisiens n'affronteront pas les Irlandais et cela les navre d'autant plus qu'il se répète avec insistance que les jeunes attaquants irlandais sont de plus en plus forts. Le président Max Guazzini hurle au scandale : « Le droit de cuissage permanent, ça suffit ! Trop c'est trop. J'en ai marre de ce calendrier de merde ! Je demande un minimum de respect mutuel, de décence. » Pendant ce temps, un gamin stadiste du Pays basque, de Larrau en Soule, l'arrière Sylvain Jonnet (21 ans), est heureux dans son coin. Il vient de réussir un sacré match. Ombre et soleil du rugby. Pendant que Georges Coste, le nouvel entraîneur des Stadistes parisiens, envisage d'alléger le programme de ses joueurs, Bernard Laporte arrive pour constater les dégâts : voir ses deux poulains hors de combat. Triste !

Thomas Lombard, qui se fixe déjà de revenir à l'automne contre les monstres du Sud, les Australiens et les Néo-Zélandais, constate : « Je me suis fait ça en retombant mal parce que mes réflexes sont émoussés par l'accumulation des matchs. J'ai craqué physiquement pour avoir trop joué, voilà ! » La faute à qui ? À l'absence d'unité de vues entre les pays européens pour permettre de resserrer le Tournoi des Six Nations et la Coupe d'Europe, le championnat trouvant ensuite sa place naturellement, surtout s'il est réduit à une vraie élite.

Bernard Laporte dissimule une irritation intérieure. Il ne peut que compatir – et encore, pas trop –, plutôt remonter le moral de ces deux garçons qu'il a aidés à se hisser au niveau international. Maintenant, il lui faut pallier ces nouveaux forfaits, en priant la madone du rugby. Pas simple pour le Boss des Bleus de remplacer un fulgurant génie créatif comme Christophe Dominici et un gaillard qui pige le rugby qu'il veut pour les centres du XV de France comme Thomas Lombard. La semaine commencera mal : lundi, le Berjallien Sébastien Chabal, qui n'a pas récupéré de sa commotion cervicale, déclare forfait. Lionel Mallier est invité à le remplacer dans les « 22 ».

Voilà Laporte présent au rendez-vous d'Orly, le mardi et non plus le lundi, pour laisser un jour de récupération à ses hommes, saluant Philippe Bernat-Salles et Stéphane Glas, appelé à la rescousse. Le

Merceron lancé tombe pourtant sur un os, Wood !

premier, intercepté sur la route de Hong Kong et de son fabuleux Tournoi à VII. Le second parce que son heure a sonné, après de nombreuses turpitudes. Voilà donc les cartes redistribuées, derrière surtout, puisque devant un Montferrandais se substitue à un autre, Arnaud Costes à Olivier Magne, avec la réintégration d'Abdel Benazzi annoncé remis de son élongation au mollet droit et le retour du robuste Toulousain Hugues Miorin en deuxième ligne. Le très probable forfait de Thomas Castaignède (il le sera officiellement le mercredi), qui souffre également d'une élongation à la cuisse, est presque tombé à plat. Dans cette hécatombe qui flingue le rugby français, l'absence d'un joueur célèbre s'en trouve banalisée. « En période de tempête, on ne compte plus les arbres arrachés », glisse avec philosophie le président de l'Aviron bayonnais Pierre Dospital qui, en son temps, avait tant de bonheur à se frotter aux rugueux Irlandais en mêlée.

Le Petit Tom confiera à Justine Badin, du *Midi Olympique* : « Trois ans durant, je n'ai pour ainsi dire connu aucune blessure et, depuis deux ans, il ne se passe pas trois mois sans que j'aie un truc... Tous les joueurs qui ont pris l'habitude de s'entraîner tous les jours paient les pots cassés aujourd'hui. On est arrivé à une limite. Les entraîneurs commencent à le comprendre. Pour beaucoup, être professionnel signifie s'entraîner dix fois plus. Eh bien non, c'est s'entraîner mieux ! » Ce distinguo mérite d'être relevé.

Et pourtant, malgré tout ça, ils seront quinze à commencer le match. Richard Dourthe étant mis au repos pour récupérer totalement de ses problèmes, Émile Ntamack se retrouve, si invraisemblable que ça puisse paraître, le seul attaquant à avoir disputé le match Galles-France d'ouverture de ce Tournoi des Six Nations de l'an 2000.

Eh oui, depuis, les demis Titou Lamaison et Fabien Galthié, les centres Richard Dourthe et Thomas Lombard plus Christophe Dominici et enfin Thomas Castaignède sont tombés. Six sur sept au tapis, c'est de la folie furieuse. « Occasion de dresser l'inventaire et de voir ce qu'il y a dans les réserves du magasin », positive Bernard Laporte qui tente de faire contre mauvaise fortune bon cœur.

Ce mercredi 15 mars est rythmé par ce qui se passe à l'infirmerie. Alain Penaud se plaint de sa cheville gauche depuis le match contre Perpignan.

Jusqu'à la nouvelle qui jette, le jeudi, un glaçon de plus dans l'ambiance du château Ricard : Hugues Miorin s'est étiré un muscle d'une cuisse et il faudra le remplacer. C'est son jumeau du Stade toulousain, Franck Belot, qui est appelé dans le groupe des « 22 ». Par contre, il ne sera pas titulaire, Laporte partant sur une deuxième ligne classique composée d'Olivier Brouzet et de Fabien Pelous, la paire du Mondial, avec, cette fois-ci, titulaire d'entrée, le Perpignanais Thomas Liévremont et l'appel à la rescousse du Montferrandais David Bory pour remplacer Milou Ntamack à l'aile. Au centre, un Toulousain de plus, Cédric Desbrosse, est préféré au pourtant solide David Venditti. Produit du rugby à VII, « C.D. » connaît désormais la musique du XV, mais il reconnaît lui-même qu'il lui faut jouer dans un orchestre très au point. Sera-ce le cas ? Que va donner ce XV de France contre une équipe d'Irlande dont il se dit qu'elle est en plein renouveau ?

Les trois de la première ligne aux aguets.

En attendant, nous assistons à la rencontre Italie-Angleterre à Rome, au stade Flaminio, non loin de Guy Pardies, dit l'Autruche, qui commente le rugby de la Botte à la télévision. L'ancien avant de Toulon et du XV de France, Jean-Charles Orso, descendant d'Italiens, a fait le déplacement avec les Pierre, Berbizier et Dospital, et quelques curieux qui ne voulaient pas manquer ce match des contrastes, les plus Britanniques contre les plus Latins.

Si la rencontre n'a pas eu la tenue de l'apéro de l'*Hôtel Martinez*, à Cannes où, avant l'envol pour la cité papale, un record, digne du Guinness book, a été battu à l'ingurgitation de cocktails, elle n'en fut pas moins digne d'intérêt. Partis pour réaliser le premier grand chelem à cinq levées (au bridge il n'y en a que quatre), les Chevaliers de la Rose n'étaient vraiment pas disposés à se laisser piéger comme des Écossais. Pendant la première demi-heure, la Squadra déchaînée bouge son adversaire, avec un plaquage de Rossi sur le gladiateur à nom italien, Lawrence Dallaglio. Puis l'organisation, la puissance et le talent de quelques joueurs creusent l'écart, en particulier grâce à Austin Healey, véritable spécimen de Formule 1, qui marqua trois essais comme s'il jouait à des postes différents : 59-12, mission accomplie pour les Inventeurs du jeu.

A Paris, Peio Doxpi se rend chez *Ttotte*, restaurant basque évidemment, près de Montparnasse, pour y retrouver des copains d'Espelette, son village, et aussi d'Ascain, le village des Laduche, Pampi et Jean-Michel et encore d'Aïnoha et de Dancharinéa chez Mitzel Segure, un ancien de l'Aviron bayonnais, du Saint-Jean-de-Luz Olympique et un des seigneurs des Jeux de la force basque. Jean-Paul Planchou, le maire de Chelles, nourri aux cadrages-débordements d'André Boniface, relève tout sourire : « Dis donc Peio, tes copains du pays, il faut que tu montes à Paris pour les voir ? » Et Doxpi de lui répondre : « Nous, les Basques, on joue toujours groupé, "en bas" bien sûr, mais ici, à la capitale, aussi… »

Souhaitons à l'équipe de France de jouer également groupé… Ils ne sont que six rescapés de la victoire étriquée de 1998 (18-16) : Glas, Liévremont, Pelous, Brouzet, Tournaire et Califano. Cela avait constitué un revers pour les Irlandais qui l'ont eu mauvaise, car ils n'auraient pas volé la victoire. En précisant que Marc Dal Maso a affronté les Irlandais en 1988, à l'âge de 21 ans, avec Jacques Fouroux pour entraîneur et qu'Abdel Benazzi et aussi Aubin Hueber l'ont suivi en 1990, toujours avec le petit Napoléon qui aspire à revenir aux affaires fédérales. Cela fait vingt-huit ans que les Irlandais n'ont pas gagné en France. Il faut, en effet, remonter au match de 1972 à Colombes où les Diables verts imposèrent leur *fighting spirit* pour trouver trace d'un ultime succès irlandais (14-9).

Le capitaine des Diables verts, Keith Wood, le « rapetout » des Irlandais, est revenu au pays à Garryowen, dans la province du Munster, après un séjour chez les voisins – et pas forcément amis – anglais, aux Harlequins où il a joué avec Laurent Cabannes. En pleine force, ce costaud (1,85 m, 108 kg) fonce sur les traces du Lion (britannique) qu'a été son père Gordon au poste de pilier à la fin des fifties. A la manière de Christian Califano, il est capable de décaler un ailier d'une passe sur un pas. Il a dans la tête plein de mauvais souvenirs contre la France, Keith ! En 1998, après la victoire obtenue à l'arraché par les Bleus, les Verts n'ont pas pardonné. En 1999, la guerre était déclarée, elle a eu

Captain Pelous ne plaisante pas en défense.

lieu. Mais c'est encore la bande à Ibañez qui est sortie victorieuse de l'affrontement : d'un seul point cette fois-ci (contre 2 en 1998) avec un ultime coup de pied au cul de l'adversaire furieux et dépité de Thomas Castaignède (10-9). Puis les Irlandais annoncèrent la couleur verte de la peur qu'ils promettaient aux Français pour le quart de finale du Mondial qui était comme programmé. Hélas, 1999 fois hélas pour les Celtes de Dublin, de Lemerick, du Connemara et du Nord, les Argentins les ont battus (28-24) en barrage à Lens, au pays du football, avec un match formidable. Ainsi, les Bleus ont pris les Pumas, aux griffes émoussées par ce match du mercredi et se sont hissés en demi pour y jouer les Blacks à Twickenham. La suite, vous la connaissez…

On comprend donc que Waren Gatland, le coach néo-zélandais très discuté par les conservateurs irlandais (et ils sont nombreux), se sente poussé d'une froide envie de rabattre son caquet au Coq gaulois. Parmi les anciens Irlandais, le bon docteur Ken Kennedy (ancien talonneur des Diables verts) pressent le match comme suit : « Je ne pense pas que vos avants vont manger les nôtres ; par contre, je pense que l'équipe qui remportera la bataille du milieu de terrain aura fait un grand pas vers la victoire. Et permettez-moi de vous dire que notre triangle d'attaque 10, 12, 13 avec O'Gara, Henderson et O'Driscoll, a de la valeur… » A voir, en ce dimanche à Saint-Denis…

Les Français se livrent à un début de match digne du tableau noir. Une entame parfaite qui, malheureusement, ne se traduit que par 6 points à 0 après plus de vingt minutes. Et pourtant… Sur le coup d'envoi tapé face au vent, l'ouvreur Ronan O'Gara constate que l'arbitre siffle un hors-jeu de ses partenaires. Sur la pénalité jouée à la main, Philippe Bernat-Salles, qui a quitté son aile, se lance dans un raid très inquiétant pour l'adversaire. Au relais, l'avant-aile Arnaud Costes commet un en-avant et l'essai que plante son coéquipier de l'AS Montferrand David Bory est justement refusé. L'appétit vient en mangeant et David Bory remord dans l'instant dans un ballon qu'il relance plein champ. Émile Ntamack choisit de taper à suivre pour Philippe Bernat-Salles qui ne pourra aplatir, le ballon ayant fini hors des limites. Puis, sur une balle cafouillée en touche, Abdel s'approprie l'objet de toutes les convoitises et allume une offensive qui embrase la pelouse dans sa largeur. Avec, au bout de l'action, encore Philippe Bernat-Salles dont le coup de pied de recentrage est récupéré par l'arrière Girvan Dempsey. Ça brûle pour l'Irlande, mais la marque reste maigrichonne, pas d'essai mais deux coups de pied de Gérald Merceron.

Jusqu'au moment où les Irlandais, qui semblaient attendre la fin de l'orage, sortent de leur mutisme avec une rafale de départs dits au ras. Anthony Foley, joufflu de 110 kg, est très près de porter son numéro 8 de l'autre côté de la ligne des Bleus, qui reçoivent là un premier avertissement. L'action n'est pas morte pour autant. C'est au tour du deuxième ligne Malcolm O'Kelly de posséder le tison ardent avec lequel toute l'Irlande veut brûler l'arrière-défense française. Il le confie à son centre porteur du numéro 13, Brian O'Driscoll, qui marque entre les poteaux un essai que son compère Ronan O'Gara a tôt fait de transformer : 7-6 pour l'Irlande.

Piqués au vifs par les Verts, les Bleus se rebiffent. Christophe Laussucq profite d'un hors de ligne irlandais pour tenter le coup franc à la main et, en jouant du croupion, marquer le premier essai français; plus la transformation de Gérald Merceron : 13-7 pour la France. Tout le Stade de France pense à ce moment-là que ces pauvres Irlandais vont encore s'en prendre une bonne et rentrer avec un excédent de bagages, tant leurs valises seront pleines de points. Peut-être, mais ce n'est pas encore fait. Ce sont au contraire les visiteurs qui, sans l'ombre d'un complexe, avancent avec du cœur, de la sérénité et aussi de la lucidité. Fini le temps du *fighting spirit* où les poings partaient côté irlandais et les points rentraient de l'autre côté! A la manière d'un torero, Brian O'Driscoll se sert du ballon comme d'une cape et «olé», d'une véronique digne d'un maestro, il écarte un premier adversaire et alerte sur sa gauche le flanker Kieron Dawson, qui s'apprêtait à aplatir quand un grand diable bleu l'en empêcha sans aménité, Fabien Pelous.

Non seulement le capitaine français sauva l'essai, mais encore il récupéra le ballon. Le fait d'un très grand joueur. La mi-temps approche et les Français, trouvant leur avantage trop mince, appuient sur l'accélérateur. Une chandelle de Gérald Merceron perturbe la défense verte. Thomas Liévremont part au ras de la mêlée qui suit. Marc Dal Maso assume le relais. Puis la passe d'Arnaud Costes trouve mal le même David Bory, un peu trop avancé, qui se voit ainsi un deuxième essai refusé pour la même raison : en-avant!

Laussucq donne espoir à la France.

Dès la reprise, les Irlandais sont sanctionnés hors jeu : des 35 mètres, Gérald Merceron monte le score à 16-7. On en arrive à ce qui sera le tournant du match. Milou Ntamack relance avec courage et à-propos sur une chandelle captée dans ses 22 mètres et remonte le ballon jusqu'à la ligne médiane, à hauteur de laquelle s'est porté Zozo Dal Maso. Le chemin de la liberté est ouvert et l'on a envie de chanter «Zozo est arrivé...» Mais soudain, l'oxygène lui manque, les défenseurs s'approchent. Il veut marquer seul alors que Philippe Bernat-Salles n'attend qu'un geste de sa part pour conclure. Il trébuche sous la pression de l'ailier gauche Denis Hickie et l'affaire s'achève en eau de boudin, par un en-avant. Les Bleus sont repartis du bon pied, bien cramponnés dans le match. Ils insistent. Suite à une chandelle, le décidément très entreprenant David Bory perce au centre. Arnaud Costes le relaie, puis c'est au tour de Raphaël Ibañez qui vient d'entrer d'insister. Stoppé près de l'en-but, l'arbitre siffle un hors-jeu irlandais que Gérald Merceron s'empresse de transformer : 19-7. A part les supporters de la verte Érin, qui veulent croire mordicus à la victoire des leurs, il n'y a pas à ce moment dans le Stade de France grand monde qui miserait sur les chances irlandaises.

On approche de l'heure de jeu lorsque quelque chose d'étonnant se passe : sur sortie de mêlée, le solide et expérimenté Robert Henderson déchire le milieu de terrain français comme qui rigole avant d'envoyer son compère Brian O'Driscoll planter son deuxième essai. Avec la transformation de Ronan O'Gara les visiteurs remontent à 14-19. Le doute s'installe dans le public. Jusqu'au moment où l'ancien capitaine des Verts, le deuxième ligne Paddy Johns, a la bonne idée de s'en prendre à

Dal Maso file vers la gloire, l'essai se dessine…

… mais il échoue devant la ligne. Un coup pour rien !

Bernat-Salles n'a rien perdu de sa vitesse naturelle.

Désolé, mister O'Driscoll, cette fois, on ne passe pas!

Christophe Laussucq alors qu'il se trouvait en position de hors-jeu. Mr Honnis accorde une nouvelle pénalité à la France, que transforme sans broncher Gérald Merceron : 22-14 à moins de vingt minutes de la fin. En fait, rien n'est acquis!

Modification importante dans l'équipe d'Irlande : entrée de David Humphreys, le meneur de l'Ulster, champion d'Europe en titre, à la place du jeune et irréprochable Ronan O'Gara. Ce qui signifie que Gatland veut de l'expérience pour cette fin de match. Ainsi le fils de Belfast ne tarde pas à se faire le pied quand, sur un hors-jeu de Cedric Desbrosse, il est invité à tenter la pénalité : 17-22, le Trèfle reverdit. Le suspense grandit. C'est au tour d'un autre centre de se laisser piéger hors jeu. Il est Irlandais. Son nom : Robert Henderson. Le coup de patte du Montferrandais Gérald Merceron redonne de l'air à l'équipe de France : 25-17. Il reste dix petites minutes à tenir.

A la 73e minute, mêlée verte sur les « 22 » français. Christophe Laussucq parvient à perturber la transmission de son vis-à-vis Peter Stringer. Le ballon roule à terre, pour personne. Si, Brian O'Driscoll le ramasse et se joue de la défense pour marquer son troisième essai, le « hat trick » de la Saint-Patrick, chapeau! Humphreys transformant, voilà les Irlandais à 1 point : 24-25. Et ce qui n'était pas survenu depuis vingt-huit ans se matérialise. Sous la poussée verte, il arrive ce qui devait arriver : un hors-jeu banal, comme tant d'autres qui émaillent une partie. Seulement celui-là, il est sifflé à deux minutes de la fin du match à une distance et dans une position qu'un buteur à tête froide comme Humphreys est à même de convertir. De 41 mètres en face des poteaux, son tir fait mouche!

27-25 pour l'Irlande. Rien à redire, mais beaucoup à dire.

Le moment de disséquer cette défaite arrive. En analysant le match de chacun des joueurs, on comprend que l'ensemble n'a pas eu un rendement assez fort pour mettre l'équipe de France à l'abri d'une fâcheuse déconvenue. En partant de l'arrière, Émile Ntamack, dont il faut dire qu'il n'est pas facile surtout à ce niveau d'être trimballé d'un poste à un autre, n'a pas eu un match des plus équilibrés. Sa classe a toutefois éclaté dans sa percée plein champ. On comprend la frustration de Philippe Bernat-Salles, sous-utilisé bien qu'essayant d'intervenir ailleurs que sur son aile droite. Montré du droit par l'arbitre sur la dernière pénalité, Cedric Desbrosse manqua de repères en défense et fut plus heureux en attaque. Encore court sur pattes, le Berjallien Stéphane Glas souffrit des mêmes carences que son copain toulousain. Robuste et culotté, David Bory n'a pas laissé sa part de besogne, il sort grandi de ce match.

Courageux en défense et appliqué dans son jeu au pied, Gérald Merceron a peiné sur la fin. A la mêlée, Christophe Laussucq a semblé oublier les directives qui étaient d'insister dans l'axe, à moins que ses avants ne l'y aient pas incité! Imprécis et hésitant, le Landais du Stade français est capable de produire des matchs d'une tout autre consistance. Sans être éblouissante, la troisième ligne a tenu en respect la marée verte. Thomas Liévremont a livré un match équilibré, en très bon technicien du poste qu'il est. Tout nouveau décoré de la Légion d'honneur des mains de Martine Aubry, Abdel Benazzi fut certes acharné à la tâche, mais n'eut pas le rendement escompté; moins percutant qu'à son habitude. Sa manière habile de récupérer des ballons dans les regroupements sans commettre de faute, sa constance autant en défense qu'en attaque en font une des rares satisfactions du match. La férocité défensive du capitaine Fabien Pelous, notamment sur Wood et Dawson, évitant là un essai tout rôti, était faite pour donner le ton aux Bleus.

Subsiste un problème en touche, criant contre l'Écosse, qui n'a toujours pas été réglé. Partant, en priorité, d'une mauvaise

Bernard Laporte se croit à la corrida...

synchronisation entre le capteur et les «étayeurs». Ainsi, le pourtant incontournable Olivier Brouzet ne fut-il pas des plus à l'aise dans le combat aérien. Par contre, il s'est avéré plus en vue dans le jeu, que ce soit en défense qu'en attaque, qu'il ne l'avait été à Édimbourg contre les Écossais.

La première ligne s'avéra solide en mêlée. Avec un pilier, Franck Tournaire, roc des rocs, assurance tous risques pour la maison du ballon, mais pas toujours idéalement inspiré dans ses choix ballon en main. Marc Dal Maso aurait pu être le héros du match, mais il lui a manqué quelques centimètres... Son rival Raphaël Ibañez tenta de dynamiser dans l'axe, avec une défense efficace. Si Cali a assumé correctement toutes les tâches, on l'a connu plus saignant. Terminons par le point où convergent toutes les réflexions : le milieu de terrain, où la pauvreté défensive a permis à un seul joueur, d'à peine 21 ans (1,80 m, 90 kg), le Dubliner Brian O'Driscoll, de planter trois essais. Selon les anciens, il évoque le grand Mike Gibson, le Jo Maso irlandais des seventies. Que la Saint-Patrick soit belle, les généreux rugbymen celtes l'ont mérité.

LES RAISONS DE LA COLÈRE

C'est le premier vrai camouflet encaissé par Bernard Laporte en tant qu'entraîneur des Bleus. Perdre contre l'Angleterre, c'est dur, mais ça s'explique sans avoir à se gratter les méninges. Tandis que là, se laisser battre « at home » par l'Irlande, cette chère Irlande qui depuis quelque temps avait le bon goût de ne pas alpaguer ses victoires, ça fait mal. Très mal. Bernard Laporte, mâchoire bloquée, regard acéré, est furax. Il se reprend pour assurer : « Je n'incrimine pas Glas et Desbrosse, qui sont deux des meilleurs centres de notre championnat. Force est de constater qu'O'Driscoll traverse dix fois le terrain, ce n'est pas normal. On a été malmenés par un joueur qui marque à lui seul trois essais. Cette carence en défense n'explique pas tout. On a trop manqué de sens tactique. On s'est trop exposé à certains moments du match. Et l'on a rendu trop de ballons à l'adversaire. On a vu la différence quand Humphreys est entré pour conduire la manœuvre ! »

Puis Laporte élargit le débat et sort du match : « Depuis quatre ans, on se cache la vérité. J'étais dans les tribunes du Parc quand on a pris 50 points contre les Sud-Africains. Tout le monde rigolait, pas moi ! En 1999, on a perdu trois matchs de suite dans le Tournoi. On a des résultats inconstants. La demi-finale contre les Blacks, c'est l'arbre qui cache la forêt. Qui nous fait oublier, entre autres, qu'on a encaissé 30 points en finale contre l'Australie. On souffre d'un manque de compétition de haut niveau : la vérité, elle est là ! Aujourd'hui, on n'a pas le temps de travailler entre les matchs. C'est du bricolage.

« Si je suis opposé aux provinces, car la culture club est trop forte chez nous, j'ai une proposition à faire. Comme il y a les grosses équipes, d'abord le Stade toulousain et aussi le Stade français et l'AS Montferrand, il faut permettre à tous les internationaux de jouer la Coupe d'Europe. Comment ? Simplement en regroupant plusieurs clubs en un, par exemple et là je dis ce qui me passe par la tête. Grenoble-Bourgoin, ce pourrait être une entité apte à briller au niveau intermédiaire qu'est la Coupe d'Europe en y bonifiant leurs joueurs. L'exemple est là : le Stade toulousain est un club qui récupère les meilleurs joueurs d'autres clubs des environs. Je ne me bats pas contre des moulins à vent. Il faut faire avancer les choses ensemble. Moi, j'ai envie de travailler en bonne intelligence avec Bernard Lapasset et Serge Blanco, pour mettre le rugby français sur une autoroute au lieu de le laisser s'enliser sur une vieille nationale. Il faut, dans l'intérêt supérieur de notre rugby, offrir à nos internationaux les meilleures conditions de progresser. »

France - Italie : 42-31

Mi-temps : 20-17

Date : 1er avril 2000.
Terrain : Stade de France.
Affluence : 73 000 spectateurs.
Temps : pluvieux.
Arbitre : M. Deluca (Argentine).

France			Italie
Castaignède (Castres)		**15**	Pini
Bernat-Salles (Biarritz)		**14**	Mazzucato
Dourthe (Dax)		**13**	Zisrti
Ntamack (Toulouse)		**12**	Martin
Bory (Montferrand)		**11**	Stoïca
Penaud (Toulouse)	o	**10**	Dominguez
Hueber (Toulon)	m	**9**	Troncon, *cap.*
Liévremont (Perpignan)		**8**	De Rossi
Magne (Montferrand)		**7**	Bergamasco
Mallier (Brive)		**6**	Christofoletto
Brouzet (Bègles)		**5**	Gritti
Pelous (Toulouse), *cap.*		**4**	Checchinato
Tournaire (Toulouse)		**3**	Paoletti
Dal Maso (Colomiers)		**2**	Moscardi
Califano (Toulouse)		**1**	Lo Cicero

Remplaçants français : Venditti (Brive), Heymans (Agen), Laussucq (Stade français), Benazzi (Agen), Miorin (Toulouse), De Villiers (Stade français), Ibañez (Perpignan).

Remplaçants italiens : Scanavaca, Dallan, Mazzantini, Persico, Wisser, Perrugini, Orlandi.

Les points

France : cinq essais, Penaud (26e, 66e), Castaignède (35e), Pelous (45e), Benazzi (63e) ; quatre transformations, trois pénalités (8e, 32e, 53e), Dourthe.
Italie : quatre essais, Martin (18e), Troncon (28e, 82e), Mazzucato (74e) ; quatre transformations, un drop (14e), Dominguez.

La physionomie

Les Italiens attaquent fort. Ils ne sont pas venus en touristes et le prouvent. Une première fois, ils déchirent la défense française grâce à leur centre Martin. Et ils marqueront trois autres essais dans ce match que les Français ne parviennent à maîtriser que par séquences. A quinze contre quatorze, l'équipe de Fabien Pelous peine pour s'imposer (5 essais à 4) contre une Squadra armée de bonnes intentions et qui a lutté jusqu'au bout. Avec un émouvant salut, pour sa dernière apparition internationale, des supporters du Stade français à Diego Dominguez.

Les autres matchs : à Dublin, Irlande-Galles 19-23 ; à Édimbourg, Écosse-Angleterre 19-13.

Pierre Albaladejo

A frôler le pire

La clôture de ce premier Tournoi des Six Nations, avec son dernier invité en date, l'Italie, était un événement porteur d'imagination et d'espoir. Peut-être avait-on surestimé l'importance de l'arrivée des Italiens dans ce Tournoi. La réalité des chiffres était un cruel rappel. En se rendant au Stade de France, il était impossible de ne pas savoir que ces nouveaux venus italiens dans le concert européen avaient encaissé exactement 166 points dans leurs trois derniers échecs. Même si le rugby moderne nous invite à relativiser la signification de certains écarts au tableau d'affichage, ce bilan lourdement négatif était troublant.

Pour ma part, j'en restais à l'effacement global de cette même équipe d'Italie dans la Coupe du monde. Éliminés d'entrée après trois défaites (Nouvelle-Zélande, Tonga, Angleterre) et un total chiffré (196 points encaissés pour 35 marqués) catastrophique, les Italiens n'avaient laissé aucun souvenir valable. Manifestement, après une ascension prometteuse, le rugby italien a du mal à se positionner au niveau international. Tout comme d'ailleurs sur son paysage intérieur par rapport au football qui draine les spectateurs, les jeunes, les sponsors, les médias, etc.

Sans être inédite, cette situation pénalise le rugby italien au moment où, sur la foi de ses résultats des années 90, il est admis à disputer régulièrement un Tournoi des Six Nations considéré comme un championnat d'Europe annuel. Cette prise de contact du XV d'Italie avec les habitués du Tournoi a agi comme un amer révélateur sur nos amis transalpins. Leur victoire surprise sur l'Écosse (34-20), en ouverture, n'a jamais été confirmée.

Du côté des Français de Fabien Pelous, cette rencontre du 1er avril n'avait rien d'une plaisanterie. Avec une série noire de cinq échecs consécutifs en ce cadre du Stade de France – contre l'Australie, le pays de Galles et l'Écosse en 1998-99, puis l'Angleterre et l'Irlande en 2000 –, le XV de France était dans la pire des situations : il lui était interdit de décevoir une fois de plus son encadrement et ses supporters sous peine d'un discrédit absolu et d'un divorce définitif avec l'opinion publique.

En un mot, pour son ultime apparition en ce Tournoi 2000, l'équipe de France se doit de respecter et d'honorer devant les siens son statut de finaliste de la Coupe du monde 1999. C'était élémentaire. Une pression plus lourde que d'habitude paralysait le physique et le mental des Français. Le décalage avec l'adversaire du jour, l'Italie, semblait disproportionné. Mais ce détail n'avait aucune importance : cette fois, les compagnons de Pelous n'avaient plus le droit à l'erreur. Cette image n'est peut-être qu'un cliché. En l'occurrence, elle était validée.

S'il reste de ce match un score en apparence réconfortant (42-31), l'analyse qu'on en garde n'est pas aussi optimiste ni même rassurante. En vérité, ce ne fut qu'un match crispé, toujours contenu et rarement libéré. La supériorité des Français a été longue, interminablement longue, à se dessiner. Là où on attendait un brillant sursaut de la part des hommes de Pelous, et notamment des attaquants, on a dû se contenter d'un jeu à l'emporte-pièce, saccadé, sans enchaînements et en définitive pas du tout conforme à la potentialité du rugby français, du moins par rapport à l'italien.

Entre le cadre, l'ambiance, l'enjeu, toutes les conditions psychologiques et techniques semblaient réunies pour mettre le XV de France sur une orbite de réussite. Pour commencer, il revenait aux Français de baliser leur territoire, de réciter leurs fondamentaux, de construire un rugby offensif de bonne facture. C'était le mini-

Penaud, un essai pour commencer...

mum à attendre. A ce prix, la différence paraissait acquise.

Mais c'est dans cette approche d'ensemble que les Français ont failli. Ils se sont désunis, de bout en bout. Ils se sont montrés hésitants, maladroits, peu inspirés et fébriles. Trop de confusion, dans tous les secteurs, c'était vraiment trop. En foi de quoi, ces Français ont offert des opportunités aux Italiens, qui en ont largement profité et qui ont marqué quatre essais, contre cinq aux Français. La différence était moins grande qu'on aurait pu le croire et surtout l'espérer.

Faut-il en déduire, sur cette seule rencontre, que le rugby français est tombé très bas ? Je me refuse à l'admettre de sang-froid. Je m'en remets plutôt à des considérations ponctuelles – titularisations discutables, inquiétudes latentes chez certains, errements tactiques – qu'à un constat globalement négatif et catastrophique.

Néanmoins, à la lumière de cette rencontre, le XV de France rétrograde dans la hiérarchie du rugby mondial. De la finale de la Coupe du monde et du premier match du Tournoi contre les Gallois à cette démonstration confuse du 1er avril, c'est le jour et la nuit pour les Français.

*
* *

Comment peut-on expliquer ce déclin ? A priori, la raison essentielle de la baisse de régime du XV de France réside dans l'abondance répétitive des indisponibilités sur blessures. Je ne vais pas revenir sur ce point, amplement établi. Mais il faut quand même procéder à quelques corrections ou rectifications d'appréciation.

Après tout, le sélectionneur puise dans un important potentiel d'individualités – aussi riche, par exemple, que celui de l'Angleterre –, et quelques absences imprévues ne peuvent pas à elles seules expliquer la carence opérationnelle de l'équipe de France.

Il est difficile de critiquer la manière dont joue le XV de France puisqu'il ne possède aucun fond de jeu. Ce qui se passe devant les Italiens ne fait que confirmer les derniers et récents matchs des Français, aussi tactiquement pauvres les uns que les autres et, quelque part, indignes du renom du rugby « à la française ».

Je crois que, par un aveuglement persistant, le XV de France fait fi des prestations de l'adversaire et s'enferre, délibérément, dans un schéma de jeu qu'il juge immuable. A tort. Souvent, dans une rencontre, c'est l'adversaire qui peut dicter le jeu qu'il faut pratiquer. Ce qui signifie une indispensable adaptation à l'adversaire.

Des internationaux ne doivent jamais hésiter à changer leur fusil d'épaule, si les circonstances l'exigent, c'est-à-dire si leur manière reste stérile. Mais ça, les Français ne savent pas le faire. Dans la mesure où les Italiens ont pratiqué un rugby auquel les Français n'avaient pas pensé, ces mêmes Français se sont enferrés 80 minutes dans un schéma auquel ils voulaient rester fidèles et qui s'est transformé en faillite.

Bien sûr, certains talents individuels surnagent. Comme celui de Thomas Castaignède, éblouissant arrière, très offensif dans ses remontées et finalement régulièrement coincé… pour ne pas avoir transmis son ballon à bon escient. Tout le paradoxe du XV de France réside là, dans cette impuissance à exploiter les meilleures occasions.

Au nom de bonnes intentions, les Français créent des mouvements très intéressants et attractifs. Mais ils en demeurent au stade des ébauches virtuelles. Il suffirait de procéder à l'inventaire de la faillite des finitions des mouvements pour basculer dans l'accablement.

Combien de ballons les Français ont laissé tomber pendant le Tournoi ? Combien d'en-avants ont-ils pu faire ? Combien de décalages sont restés inexploités ? Com-

Ntamack, des Bleus à ses trousses.

bien de phases offensives à trois contre deux ou deux contre un se sont achevées pitoyablement ?

Je me borne à évoquer les fondamentaux. Rien de plus. C'est justement ce qu'il y a de grave. Malheureusement, au fil du Tournoi, on s'est rendu compte que rien n'a été préparé, en amont de ces matchs internationaux, pour disposer d'une grande équipe de France. Et c'est très inquiétant.

D'autant plus qu'en voyant évoluer les gosses, même dans les écoles de rugby, on découvre une grande pauvreté technique. L'exemple leur venant d'en haut, ces gamins consacrent leur temps et leurs efforts à vouloir copier les grands. Alors qu'ils devraient se soucier de savoir récupérer un ballon de volée, de se servir des deux pieds pour botter ou jouer le deux contre un, ces jeunes n'apprennent plus ces gestes de base parce qu'ils ne les voient pas pratiqués au plus haut niveau. Comme ils n'ont pas de repères, ils sont livrés à eux-mêmes, à ce rugby approximatif qui leur est proposé sur le petit écran.

Je n'ignore pas que l'on s'est beaucoup plaint, ici et là, de ne pas bénéficier, au moins sur le terrain, des retombées de la Coupe du monde. Médiatiquement parlant, les Français ont été bien servis,

Lionel Mallier, tentative pour forcer le destin.

d'ailleurs comme ils le méritaient. Mais, par contre, si l'on s'en rapporte à la qualité du rugby joué lors de cette même Coupe du monde, il y a maldonne. Le jeu de la Coupe du monde 1999 n'a pas été plus instructif qu'éducatif. Sans doute conviendra-t-il un jour et à tête reposée de se pencher sur ces questions-là.

L'indigence technique des uns et des autres, dans le geste de base, est dramatique. Il est profondément anormal de devoir relever dans le bagage technique individuel tant de fautes de main. Ces fautes, des juniors ne les auraient pas commises voilà quelques années.

Quand on constate que les meilleurs ne sont pas à l'abri de ces erreurs élémentaires – comme on l'a déploré devant les Italiens –, on mesure mieux l'ampleur de cette carence collective. S'il ne s'agissait, pour ce qui concerne le XV de France, que d'une ou deux individualités, on se contenterait de les changer. L'affaire serait prestement réglée. Mais ça n'est pas le cas. Le mal est profond.

En réalité, il y a beaucoup trop de rugbymen de l'élite dont le bagage technique individuel est voisin de la moyenne. Encore leur faut-il atteindre cette fatidique moyenne. Pourtant, ces mêmes joueurs sont des professionnels soumis a un entraînement pluriquotidien. Ce qui, évidemment, aggrave leur cas, car on finit par se demander si cette préparation, tellement intense, est judicieusement ciblée. On me permettra d'en douter…

Cela posé, pour en revenir à ce XV de France 2000, Bernard Laporte, le sélectionneur, a dû souvent affronter des tornades d'impondérables en tout genre. Sa tâche consistait à colmater les brèches de ses plans initiaux.

Bien sûr, des garçons comme l'ailier David Bory, qui en était à sa deuxième sélection, ou l'avant-aile Lionel Mallier, entrevu contre l'Irlande, ont confirmé leurs qualités. Ils n'ont pas dépareillé l'équipe de France. Pour cette seule raison, ils méritent une certaine considération. Mais deux joueurs frais ne vont pas révolutionner la manière collective. Les problèmes latents du XV de France sont autrement plus complexes.

A la réflexion, le rugby français, dans son expression élitique, se fonde trop sur tout ce qu'il attend, individuellement, de ses joueurs. En regard, la déception engendrée par les mauvais résultats est, inévitablement, d'essence collective. Le malentendu est criard. La distorsion également.

Si un Castaignède ou un Penaud, par exemple, mènent une contre-attaque de 100 mètres, ils seront couverts d'éloges sur-le-champ pour ce qui ne restera, quand même, qu'un exploit individuel. Il en va de même pour une charge de Pelous ou de Benazzi. Mais, au niveau du XV de France, entre autres, on ne peut pas se satisfaire de performances personnelles. C'est évident.

Humilité, réalisme ou prise de conscience de faibles moyens, qu'importe. Convenons que, tout au long de ce Tournoi, l'équipe de France a constamment péché dans sa manière collective, quels que soient les secteurs du jeu. Pire : ce collectif a sombré avant que les individualités elles-mêmes ne parviennent à redresser la barre. Il y avait quelque part une relation de cause à effet entre les joueurs et leur impuissance à évoluer dans un même esprit d'ensemble. Ce qui fournit un élément d'inquiétude de plus.

En face de ces Italiens, que l'on soupçonnait animés par une furieuse volonté de réhabilitation, des joueurs comme Mallier ou Bory, le premier au centre du terrain et le second comme électron libre de l'attaque, se sont bien comportés. Ils se sont montrés au diapason des espérances placées en eux, en accomplissant leurs devoirs respectifs, sans individualisme excessif.

Avec deux garçons expérimentés comme l'ouvreur Alain Penaud (30 ans et autant de

Dourthe, tout en tendons rageurs, fonce et défonce.

Difficile à stopper un Pelous qui charge !

Entre Bleus et Blancs, aucune tendresse dans les regroupements.

sélections depuis 1992) et le demi de mêlée Aubin Hueber (33 ans et une vingtaine de sélections), on s'attendait à une paire de demis efficaces et réalistes. Erreur et déception. Ce tandem ne s'est pas hissé au niveau prévu. Ni l'un ni l'autre n'ont orienté les opérations comme de véritables spécialistes. Manifestement, ils n'étaient pas à l'aise.

Au-delà du cas de Penaud et Hueber, force est de relever que le XV de France a fini le Tournoi sans jamais disposer d'un duo de demis de premier ordre. Pour schématiser, les Français n'ont jamais pu aligner une paire de demis digne de ce nom. Laporte, pourtant, a multiplié les combinaisons. En vain. Il n'a pas été plus heureux dans ses choix avec les jeunes qu'avec les anciens. Comme en témoigne le décevant rappel de Penaud et Hueber en clôture du Tournoi 2000. Tous deux avaient une belle carte à jouer, ensemble. Ils l'ont gâchée.

Finalement, nul n'a pu trouver la solution, Bernard Laporte y compris, pour la cruelle raison qu'il n'existe pas actuellement dans le rugby français de demi de mêlée qui sache peser sur le jeu avec autorité et lucidité. Les deux meilleurs spécialistes du poste, le Columérin Fabien Galthié et le Briviste Philippe Carbonneau, étant hors du coup pour le Tournoi, il a fallu faire avec les moyens du bord.

Leurs cas étaient différents. Galthié, très fragilisé, n'a pas joué beaucoup de matchs. Pas assez pour prétendre conserver son rang d'international. Carbonneau, quant à lui, émergeait à peine d'une très longue convalescence. En étant absents, ils se sont révélés indispensables au XV de France ! Avec Galthié ou Carbonneau à la barre, les Français auraient certainement évité beaucoup d'errements. Tant pis : on ne réécrit pas l'histoire du Tournoi.

Pour l'occasion, Laporte n'avait pas titularisé Benazzi d'entrée. L'intéressé n'avait pas tellement apprécié. Mais en équipier d'expérience et de devoir, cet ancien capitaine des Français n'avait rien aggravé. En gardant son ressentiment par-devers lui, il donnait une démonstration de dignité. D'ailleurs, aujourd'hui, le coaching aidant, un remplaçant est susceptible de rentrer n'importe quand et sur n'importe quel prétexte, accident, choix de l'entraîneur, incident de jeu, etc.

Bref, une non-titularisation n'équivaut pas à une disgrâce. L'absence, très brève, de Benazzi ne revêtait aucune signification particulière. Sauf à priver le XV de France devant des Italiens brouillons et accrocheurs d'un avant de grand métier et de fort tonnage.

Quand Benazzi réapparut dans le pack français, comme deuxième ligne puis comme troisième ligne-centre, au gré des événements, il contribua à l'œuvre collective. Tout en subissant étrangement la loi de la ligne d'avants italienne. Car ce fut bien un spectacle décevant que de voir des avants de métier et de renom comme Pelous, Benazzi, Brouzet, Califano, Tournaire et autres Dal Maso se laisser manœuvrer par leurs vis-à-vis italiens. Et ce pratiquement du début à la fin…

Châtiment : Christofoletto expulsé.

Autre constat : dans ce genre de situation, le coaching n'est pas la panacée. Car Raphaël Ibañez, Hugues Miorin et autres Peter De Villiers eurent beau être lancés dans l'arène par Bernard Laporte à des moments cruciaux, ils ne parvinrent jamais à renverser la tendance. Homogène, bien organisé en mêlée, cohérent en touche, le pack italien, emmené par des garçons que l'on connaît bien en France, comme le deuxième ligne Walter Christofoletto, licencié au Stade montois, ne plia jamais devant les Français. En puissance comme en rapidité d'exécution, les Italiens conservaient la maîtrise des opérations, plus ou moins nettement, aux dépens des Français.

La faiblesse de ces mêmes Italiens réside, je le pense, dans leur préparation psychologique. Ils avaient réussi, d'emblée, à désaxer les Écossais. Ce qui les avait peut-être surévalués pour les rencontres suivantes, avec les Gallois, les Irlandais et les Anglais, tous dûment prévenus.

En ces trois occasions, les Italiens n'avaient eu peur de rien, surtout pas de se défouler et de se livrer à de farouches corps-à-corps, tournant souvent à de sordides bagarres. En ce Stade de France, l'engagement physique des Italiens dépasse parfois les bornes. Christofoletto, ivre de colère, n'hésita pas à essuyer ses semelles sur Benazzi. Sous l'œil de l'arbitre, en plus…

A vingt minutes de la fin, réduits à quatorze, les Italiens devenaient des proies (relativement) accessibles pour les compagnons de Fabien Pelous. Au lieu de quoi ces mêmes Français persistèrent dans leurs mauvaises inspirations, leurs excès d'individualisme, leurs fautes de main, leurs erreurs tactiques, etc. Le spectacle était désolant, à l'image des regroupements et des accrochages d'avants qui ne débouchaient sur aucune phase construite.

Pendant toute la partie, la foule du Stade de France, a priori inconditionnelle, était

David Venditti au nom des ancêtres.

néanmoins passée par différentes étapes vis-à-vis des joueurs. Certes, pour commencer, les supporters français encourageaient les leurs sans restriction. Et puis, devant ces séquences de rugby en demi-teinte, fourmillant d'hésitations ou de relâchements, les mêmes spectateurs trahissaient certains indices de mécontentement. Les traditionnelles olas du début, qui soudent les spectateurs en une même communion, s'étaient évanouies devant des sifflets, des grondements réprobateurs et d'autres manifestations de déception.

Ces instants étaient graves. Pour la première fois, au Stade de France, il y avait divorce entre le public et ses acteurs, entre les aficionados du XV de France et les joueurs. Personne ne comprenait comment l'équipe de France se laissait prendre au piège des Italiens, courageux et entreprenants, d'accord, mais terriblement frustes.

Je l'avoue : en fonction des variations du score et des carences des Français, j'ai quelquefois eu peur de voir ce XV de France baisser pavillon devant les Italiens. C'eût été le pire châtiment pour les hommes de Pelous, finalistes de la Coupe du monde et incapables, au demeurant, de se débarrasser d'une bande d'Italiens néophytes du Tournoi, théoriquement largement inférieurs à ces mêmes Français.

En tout cas, il n'y avait pas de quoi être fier. En définitive, ce succès de 15 Français sur 14 Italiens, préservé d'extrême justesse, fut accueilli avec soulagement. Les applaudissements s'éteignirent prestement. Il était impossible à chacun des témoins de cette rencontre de s'en retirer avec, au cœur, la joie d'avoir assisté à une belle partie et à une victoire digne de ce nom.

En ce 1er avril 2000, les Français avaient renoué avec le succès au Stade de France avec tellement de difficultés, dans tous les compartiments du jeu, qu'il valait mieux ne pas s'attarder dans cette majestueuse enceinte. De crainte, peut-être, d'y faire renaître les sortilèges d'un rugby en pleine évolution mais, précisément, devenu insaisissable en raison de ses propres égarements.

Pour le XV de France, ce Tournoi 2000 n'avait été que celui de toutes les incertitudes et de beaucoup de désillusions en regard de minces satisfactions. De la tonitruante entrée en matière contre le pays de Galles (36-3) à cette pénible démonstration devant l'Italie (42-31), les rugbymen français n'avaient cessé de souffrir et de s'interroger sur eux-mêmes et leur véritable aptitude à tenir les grands rôles dans le Tournoi des Six Nations, surtout sur la lancée d'une deuxième place en Coupe du monde.

Les contours de ce Tournoi 2000 sont ambigus. Moins d'un an après la Coupe du monde, le Tournoi des Six Nations ne s'est pas valorisé par son niveau de jeu. Sa conclusion renversante – une victoire des Écossais privant les Anglais d'un Grand Chelem de plus – n'est qu'un aveu d'une médiocrité moyenne du début à la fin.

En réalité, ce Tournoi aura eu l'avantage de nous éclairer sur le rugby actuel. Il est impératif de modifier quelques bases du jeu et quelques phases du règlement, au moins pour donner un peu d'air au ballon et susciter des intentions plus généreuses.

Si l'on poursuit dans cette voie d'un rugby que l'on ne veut que physique à tous les niveaux, je prédis que l'on se dirigera vers des désillusions grandissantes et que chacun perdra de son crédit.

Qu'on ne s'y trompe surtout pas : mon propos ne vise pas uniquement le rugby français. Ce serait injuste et trop commode. J'englobe tout le rugby dans une même perspective négative. Le XV de France ne fait que refléter un malaise général. Le grand malade, je l'assure, n'est pas le rugby français. Ni même l'équipe de

Olivier Magne, encore et toujours en flèche.

France. C'est l'ensemble du rugby qui est touché.

Et, en cette affaire, il ne s'agit pas de différencier le rugby de l'hémisphère Sud de celui de l'hémisphère Nord. C'est tout le jeu, dans son intégralité, qui traverse une mauvaise passe et se condamne à des lendemains bouchés. La priorité accordée au physique ne saurait devenir une fin en soi. Si la vie du ballon n'est plus une notion de premier ordre, il faut s'attendre au pire.

Pour l'heure, les rugbymen de l'élite française n'en ont pas fini avec les servitudes du championnat et de la Coupe d'Europe. Ces mêmes garçons ont clôturé le Tournoi sur les genoux, à bout de forces. En aspirant, certainement, à un repos réparateur devenu indispensable pour des organismes éprouvés.

Au lieu de ça, sous les douches du Stade de France, ils se sont aperçus, ensemble, que le calendrier de cette saison 1999-2000 ne se terminait officiellement que le 15 juillet, toujours en ce Stade de France. C'est-à-dire dans quatorze semaines…

Ce n'est jamais qu'une aberration de plus. Il est temps que les dirigeants de la FF rugby et de la Ligue nationale du rugby accordent un peu leurs violons. Sur un seul et même thème : « Plus jamais ça ! »

Quand Gritti survole le lot…

Jean Cormier

Poison d'avril pour des Bleus blancs de peur

Que peut apporter un match avec l'Italie au terme d'un harassant Tournoi qui a déjà été trop long pour des joueurs usés ? Tout laisse à penser qu'il s'agit du match de trop. Reste à faire en sorte que ce ne soit pas le match piège. Un jour de poisson d'avril, un revers contre l'Italie serait certes dans le ton, mais quelle honte ! n'y pensons pas. En fait, personne, probablement pas même un Italien, ne songe sérieusement à battre les Français au Stade de France. Les vice-champions du monde en ont plein les crampons d'y accumuler les revers : la défaite contre l'Irlande étant la cinquième consécutive à Saint-Denis, après celle contre l'Australie au début de 1998-1999 (21-32), puis contre le pays de Galles (33-34), l'Écosse (22-36) et cette saison contre l'Angleterre et l'Irlande, ce qui commence à bien faire.

A *La Grille*, le bar-restaurant qui sert de base à la tribu des Blondinesques, les amis d'Antoine Blondin, à Saint-Germain-des-Prés, on parie avec les bistrotiers du coin. On est en pleine Vallée de la Soif. Et au *Monteverdi*, Claudio, vieil ami de la famille Spanghero, attise les paris sur la Squadra. Le rugby, ce n'est pas vraiment son truc, mais ça le premier match de l'Italie dans les Six Nations au Stade de France, ça s'arrose. De là à dire que tous les marchands de pizzas sont mobilisés, comme ils le furent pour le match France-Italie de la Coupe du monde de foot...

C'est aussi l'occasion de parler de rugby en italien, ce qui ne manque pas de charme. En relevant que les organisateurs du Tournoi ont eu le bon goût d'inviter un arbitre argentin, el señor Deluca, d'origine italienne, pour vérifier si tutti va bene ! Comme les trois pays latins seront représentés en une même enceinte à l'occasion du premier Tournoi des VI, voilà un fait historique qui ne fera pourtant ni déborder la Méditerranée ni rétrécir l'Atlantique.

La situation crée son petit émoi dans le milieu des descendants d'Italiens. Chez les De Gregorio de Romans et de Grenoble, le rugby c'est la vie. Que dire des Spanghero, devenus si populaires que le président Pompidou sortit de sa réserve en 1969 pour que l'on rappelle Oualtère à la tête du XV de France après une dizaine de défaites consécutives ? Narbonne a longtemps joué avec un pack à forte coloration transalpine puisqu'il y avait quatre frères à pousser ensemble dans la mêlée audoise, Laurent, Walter, Jean-Marie et Claude. Le patriarche Ferrucio Dante Spanghero, un nom à faire bouger les Alpes, disait : « Laurent a tracé le sillon, Walter l'a suivi, Jean-Marie le bull (bulldozer), c'est le plus fort, Claude, c'est le plus doué. Guy aurait dû être international au talonnage et Gilbert, le pilier, il est trop gentil, mais quelle force lui aussi ! » Qu'il les aimait ses fils, Ferrucio de Bram !

Pour une fois, Olivier Magne, ça ne passe pas !

Claudio, du *Monteverdi*, ne se laisse pas abattre. A Coco de *La Bodéga*, son voisin de la rue Guisarde, qui le taquine en lui disant avec sa célèbre voix éraillée : « Le rugby-spaghetti c'est comme le western à l'italienne, ça fait pas très sérieux. Tes Ritals ils vont manger chaud… » Un peu provocateur, dans le style du monsieur, mais au moins la chose est dite.

Savez-vous que le blond vénitien fait partie du patrimoine du rugby français ? Eh oui, par la mamma de Jean-Pierre Rives, qui est d'origine italienne. Un autre Titan du jeu, Philippe Sella, est aussi de sang rital. Il s'amuse à dire qu'il porte le nom d'une banque et qu'il a bu du sella, un vin du sud de la Botte. En rappelant que l'Italie a battu la France, en mars 1997 à Grenoble (40-32). Pour Jo Maso, qui lui est d'origine espagnole, l'Italie représente un souvenir particulièrement fort. « C'était mon premier match en équipe de France, à Naples. Ça remonte à quelques années puisque c'était en 1966. Juste après la défaite au pays de Galles suite à la fameuse interception de la passe de Gachette [lisez Jean Gachassin] par l'ailier géant Stuart Watkins. » L'équipe de France s'était imposée 21-0 et une belle aventure chez les Tricolores commençait pour Jojo Maso. Pudiquement, le manager des Bleus ne rappelle pas que l'année suivante, en 1967, les Italiens avaient encaissé 60 points contre 13 à Toulon. Et nous éviterons d'insister sur le monstrueux 3-101 contre les All Blacks durant la dernière Coupe du monde à Huddersfield, en Angleterre, nom qui reste comme le Waterloo du rugby transalpin.

La Squadra dédie, quoi qu'il arrive, ce match à son meneur Diego Dominguez, qui a décidé de terminer à 33 ans sa carrière internationale au Stade de France, dans le pays où il libère son talent, non loin de son stade à lui, Jean-Bouin, où il a pris l'habitude de faire gagner le Stade français CASG.

Curieux destin que celui de cet attachant personnage. Né en 1966 à Cordoba, en Argentine, la ville où Ernesto Guevara de la Serna dit el Che a appris à jouer au rugby au pied de la cordillère des Andes, Diego est venu en tournée dans notre pays avec les Pumas. A l'époque, barré par Hugo Porta puis par Lissandro Arbizu, devenu briviste, il passa en Italie pour y faire carrière internationale. C'est son 61e match avec la Squadra, pour laquelle il a inscrit l'énorme record de 808 points. Diego est ce type d'homme dont Bernard Laporte dit : « Il est le plus professionnel des joueurs de rugby que je connaisse ! »

Diego ne laisse rien au hasard. Quand, pendant l'hiver, les petits copains prenaient une bonne douche chaude après l'entraînement, lui restait seul à taper des coups de pied. Parfois plus d'une demi-heure. Champion de France avec le Stade français en 1998 dans ce même Stade de France, il y possède ses repères. Il sait le match quasi impossible à gagner pour l'Italie, mais ce n'est pas cela qui importe ; il veut, une fois de plus, la dernière, tout donner en match international pour le pays qui l'a le premier adopté. Il est avec, le magnifique athlète Alessandro Stoïca – que l'ancien All Black Brad Johnstone utilise à l'aile plutôt qu'au centre, là où Pierre Berbizier le fait évoluer à Narbonne –, l'un des rares Italiens de l'Hexagone auquel on aurait pu proposer un passeport français…

Brad Johnstone, pour sa part, a une dent contre les Français. Il était en effet le coach de l'équipe fidjienne qui a donné tant de fil à retordre aux Bleus durant la Coupe du monde. La mise au point du piège en touche – où les guerriers du Pacifique firent une incroyable moisson – était de lui. Malheureusement pour l'ancien pilier de la fabuleuse phalange noire commandée par

Dominguez a failli marquer l'essai du siècle !

le Puciste Graham Mourie, le potentiel de l'équipe d'Italie n'est pas aussi riche que celui des Fidjiens durant le Mondial.

Ce XV d'Italie, en plus de Diego Dominguez, s'appuie sur d'autres joueurs participant à notre championnat. Tout d'abord Alessandro Troncon, le demi de mêlée de Montferrand, qui a succédé comme capitaine à l'ancien Narbonnais Massimo Giovanelli. Un autre Narbonnais, en plus de Stoïca, est à l'arrière, Matthew Pini, né en Australie et formé à l'Australian Rules avant d'être sélectionné dans l'équipe d'Australie des moins de 21 ans. Après avoir rejoint l'Angleterre et joué à Richmond, il disputa huit tests avec les Kangourous entre 1993 et 1995, dont deux durant la Coupe du monde 1995 en Afrique du Sud. En 1998, il obtenait la double nationalité et devenait ainsi sélectionnable pour la Squadra azzura.

Le centre Luca Martin, qui évolue à Bègles, est apprécié par Brad Johnstone. Et enfin, le rugueux avant-aile de Mont-de-Marsan, Walter Christofoletto, à 35 ans, est le doyen de l'équipe. On le constate : le XV d'Italie n'aura pas de mal à comprendre les annonces des combinaisons françaises. Surtout avec leurs demis qui seront au centre de tout.

Au moment de la présentation des joueurs français sur grand écran, avant les hymnes dans un stade dionysien presque plein, c'est-à-dire l'équivalent de deux Parcs des Princes, trois joueurs de l'équipe de France, Aubin Hueber, Christian Califano et Richard Dourthe, brandissent un écriteau : « Salut Jean, tu es le plus fort. » Clin d'œil fraternel à Jean Daudé, le deuxième ligne de l'équipe de France et de Bourgoin, victime d'un grave problème cervical en championnat contre Castres, qui est allongé guettant les petits signes d'amélioration qu'il provoque avec une détermination qui rappelle celle de Benoît

Attention : Benazzi charge à fond...

Dauga en 1975, abattu dans un match contre Dijon. Le grand Benoît s'en est tiré, tout le rugby français se serre les coudes et ceux qui croient en quelque chose prient pour que le grand Jean s'en tire aussi. Occasion de penser à tous ceux que ce putain de rugby bloque dans un fauteuil roulant.

C'est l'heure des gens valides, l'heure d'un dernier match des Six Nations pour l'équipe de France. Force est de reconnaître qu'il vient mal dans le calendrier de la compétition. Jean Dunyach n'a pas tort quand il souligne : « Ce match en plein Tournoi aurait pris un autre relief. Là, on sait qu'on ne peut plus gagner ces Six Nations et que normalement on devrait tout de même se tirer d'affaire contre ces Italiens. » Sans, au départ, Abdel Benazzi que Bernard Laporte n'a pas jugé suffisamment performant contre les Écossais.

La Squadra de Brad Johnstone, qui a déjà rempli son contrat en battant l'Écosse pour son premier match à Rome, rêve d'un grand hold-up, avec d'énormes titres dans la presse italienne. Les anciens internationaux, qu'ils soient français ou étrangers, à avoir participé à l'open de golf des Six Nations de Robert et Valérie Paparemborde, unanimes, ont annoncé que l'équipe de France allait l'emporter largement. Le vainqueur, Jean-Patrick Lescarboura, tisse un premier hommage au métronome Diego Dominguez auquel il porte une forte estime. Soirée qui s'est terminée par un numéro de l'ancien « 9 » Jacques Fouroux, qui a assuré « Je reviens ! ». Comprenez : « Je vais tout faire pour prendre la Fédé ! »

Il est, parmi les aficionados, des maniaques du jeu spécifique des demis. Ces analystes décortiquent leur fonctionnement, ce qui leur permet d'en savoir plus sur le rendement d'une équipe. Ils sont à l'affût du duel des deux duos présents : Aubin Hueber et Alain Penaud côté français, Alessandro Troncon et Diego Dominguez côté italien. Au *Bedford*, pub légendaire de la Vallée de la Soif, le Puciste Antoine qui maintient une ambiance tempérée calmait ceux qui assuraient : « Vous changez les demis de côté et ça fait 30 points de plus pour nous. » Le « nous » étant « eux », les joueurs de l'équipe de France. Ce qui n'est pas vraiment un compliment pour les élus de Bernard Laporte. On verra bien…

En fait, l'entame du match donne raison aux esprits chagrins de notre rugby pour lesquels la bouteille bleue est toujours à moitié vide. Sans l'ombre d'un complexe, les visiteurs envahissent d'entrée le camp français. Précisément en s'appuyant sur le jeu au pied de Diego Dominguez et d'Alessandro Troncon. Cette domination territoriale permet au meneur du Stade français CASG de tenter deux drops ; si le premier échoue, le second passe entre les pagelles à moins d'un quart d'heure de jeu. Ce qui répond à la pénalité de Richard Dourthe réussie lors d'une des rares incursions françaises de ce début de match, où l'on se frotte les yeux pour comprendre si l'on n'a pas la berlue. Le public arrêtant vite de scander « allez les Bleus », s'apercevant que ce sont les Italiens qui jouent en azzuro et les Français en blanc !

Il n'est pas interdit de se demander si le cauchemar irlandais ne va pas se reproduire, quand le centre de Bègles Luca Martin joue les O'Driscoll et entre comme dans du beurre frais dans la défense française : 10-3 avec la transformation de Diego Dominguez, le public ne se gêne pas pour siffler. Heureusement, Alain Penaud se rachète de ses mauvais renvois – « A croire qu'il a bu de l'eau gazeuse », lance un titi parisien hilare – et retourne le public qui commençait à grincer en s'échappant au ras d'un regroupement et en filant marquer un essai après avoir floué un ultime rival d'un nécessaire changement de direction. 10-10 avec l'aide du coup de patte de Richard Dourthe, est-ce le vrai début du match de l'équipe de France ? La majorité des 73 000 spectateurs l'espèrent de tout cœur. Ils en ont marre de repartir par le RER vers Paris en commentant la défaite de leurs favoris. Ils sont là pour se régaler, applaudir des essais.

Alessandro Troncon profite d'un rideau défensif mal tiré pour y trouver la lumière : 17-10 avec la botte de Diego. Re-sifflets du public qui commence à trouver que la plaisanterie a assez duré ! Un fait connaîtra une forte incidence sur la physionomie de la rencontre. Walter Christofoletto, le ru-

Pour Troncon, véritable poison, deux essais en prime.

Écrasé derrière la ligne, c'est Thomas Castaignède.

gueux avant-aile de Mont-de-Marsan, récupère un carton jaune pour fautes au sol répétées de son équipe : 13-17 avec la botte du Dacquois Richard Dourthe.

A quinze contre quatorze en fin de première mi-temps, les Français prennent enfin le dessus. Du coup, Thomas Castaignède marque un essai sur coup de pied à suivre qu'il aplatit sur la ligne de fond… en sachant qu'il n'y était pas. « Ce sera pour celui que j'avais marqué contre l'Angleterre et qui ne m'avait pas été accordé », réagira-t-il après le match. Peut-être, mais el señor Deluca ayant entériné l'essai, cela permet aux Français de virer en tête 20-17, avec les 2 points ajoutés par le même Camelito, Richard Dourthe, le fils du Chameau Claude Dourthe.

La mi-temps est sifflée sur ce score pas du tout à l'avantage de ceux qui ont tissé le plus d'ouvrage, les Italiens. Et Brad Johnstone râle pendant le repos tout autant qu'après la défaite de ses Fidjiens en Coupe du monde. Contre le fait que l'essai de Petit Tom ait été accepté et aussi sur la sévérité du carton jaune de Christofoletto. Il n'est pas au bout de ses peines, l'ancien soldat de Mourie…

Pendant ce temps, les Bleus, doublement pâles aujourd'hui – couleur du maillot et production –, se font tancer par Bernard Laporte et ils reviennent sur le pré avec la volonté de s'imposer franchement. Une « pénaltouche », coup franc tapé en touche près de la ligne adverse, martyrise la défense. Le capitaine Fabien Pelous se voit accorder un essai pas si évident que ça ! Brad Johnstone s'arrache les cheveux, ou ce qui lui en reste, mais ça ne change rien, avec la transformation de Camelito-Dourthe la France monte à 27-17. Sans exulter pour autant, le public espère que, cette fois, c'est vraiment parti. Il ne se trompe pas. Raphaël Ibañez prend, comme c'est un rituel dans ce Tournoi, le relais de Marc Dal Maso et Fabien Pelous cède son poste de deuxième ligne à Abdel Benazzi pour pousser au couloir à la place de Thomas Liévremont. Une bonne conservation du ballon met les Italiens à la faute et le fils Dourthe augmente l'addition : 30-17.

Aidé par un de ses piliers, le Montois Walter Christofoletto transforme le dos d'Abdel Benazzi en paillasson et écope ainsi d'un second carton jaune qui devient rouge… comme le visage de Johnstone qui a compris que son équipe ne parviendrait pas à réaliser l'exploit. Sur une nouvelle « pénaltouche », Abdel se fait justice en enfonçant son essai comme un pieu dans la ligne adverse. Même si « Camelito », néanmoins excellent buteur en ce premier jour d'avril, ne parvient pas à transformer, c'est l'essai de la cassure : 35-17. Bel essai obtenu grâce à un coup de flair d'Aubin Hueber sous forme d'élégante chistera. Les

Diego Dominguez : un grand joueur se retire.

Bleus, déchaînés, profitent de leur avantage numérique pour inscrire un cinquième essai par Alain Penaud, qui conclut sous les poteaux une vaste attaque de son équipe : plus les 2 points cette fois pris par Richard Dourthe, on atteint le score musclé de 42-24, des chiffres inversés qui répondent à l'espoir de beaucoup.

Le public, qui attend une fin débordante d'allégresse, n'est pas déçu. A la différence que ce sont les Italiens, à quatorze, qui la proposent. Ils emballent le jeu au point de marquer deux nouveaux essais : le premier, suite à un terrible déboulé du flanker Mauro Bergamasco, par le séduisant ailier droit Nicola Mazzucato et le deuxième, en fait le quatrième et dernier, par ce filou d'Alessandro Troncon qui profita d'une grotesque mésentente des demis français pour poser le ballon entre les poteaux. Match qui se termine en queue de poisson d'avril sur le score de 42-31, Diego Dominguez ayant réussi les transformations.

Diego Dominguez, pour son ciao à la Squadra, ne s'est pas raté. Il a même failli être le premier joueur de rugby à marquer en match international, et peut-être en match tout court, un essai en se lançant en arrière dans la position du saumon sauteur qui veut passer une digue. Le millier de supporters du Stade français CASG amassés derrière les buts français en deuxième mi-temps agitèrent leurs canotiers en scandant « Diego, Diego » chaque fois qu'il avait à intervenir, comme ils le font au stade Jean-Bouin et comme ils continueront de le faire.

Le Tournoi des Six Nations de l'an 2000 a été long, très long pour l'équipe de France, et pas facile à gérer, vu l'hécatombe qui l'a accablée, pour son nouveau boss Bernard Laporte qui mesure l'ampleur de la tâche qui lui reste sur la route de la Coupe du monde de 2003. Mais déjà ses pensées se portent vers l'automne, où All Blacks et Australiens permettront aux Bleus de se tester on ne peut plus sérieusement. Espérons, au complet...

Dominguez, héros malheureux, avec Max Guazzini, son président.

LES ÉCOSSAIS DANS LES ÉTOILES ET LES ANGLAIS RETOMBENT SUR TERRE

Le vrai poisson d'avril, c'est à Édimbourg qu'il a été accroché. Avec le Chardon pour appât, un énorme requin blanc s'est laissé prendre. A ne pas y croire. Toute l'Angleterre célébrait déjà l'événement : son équipe allait remporter le premier Tournoi des Six Nations de l'histoire avec cinq victoires, autrement dit un Grand Chelem à cinq levées obtenu en l'an 2000. Déjà le plan des festivités était prêt. Déjà les journaux avaient préparé des cahiers spéciaux sur les héros. Il ne restait qu'une bricole à assurer : battre ces Écossais qui avaient mordu la poussière romaine en début de compétition et qui n'avaient pas été capables à Murrayfield de prendre le dessus sur une équipe de France privée de nombreux titulaires.

Dans toute l'Écosse, on pensait à 1990; dans les mêmes conditions, l'Angleterre venait à Édimbourg pour y chercher la couronne des Cinq Nations. Et foin de « grand slam », elle est repartie avec une défaite qui rétrécit son ego. Avec en tête cette obsédante chanson *Flowers of Scotland* que le capitaine David Sole, ce satané de pilier de poche, avait fait chanter à ses hommes et reprendre en chœur par tout un peuple. Chanson ancestrale où l'Anglais n'a pas vraiment le beau rôle !

Clive Woodward, l'entraîneur des Anglais, a dû être intrigué par le changement du demi d'ouverture écossais. Le fait que Ian McGeechan, le coach du Chardon, ait préféré le dénommé Duncan Hodge à l'habituel 10 Gregor Townsend prouve deux choses : il cherche un joueur qui lui tienne la boutique et il veut créer un choc psychologique. Et il ne s'est pas trompé, McGeechan : son ouvreur sorti du chapeau a été ahurissant d'efficacité. L'animateur des Edimburgh Reivers a inscrit les 19 points de son équipe, un essai, sa transformation et quatre pénalités : l'essai en fermant les yeux pour foncer dans un trou de souris, les tirs au but en les ouvrant grands et en pensant à Gavin Hastings. « Parce que Gavin avait raté une pénalité facile pendant la Coupe du monde en 1991 contre l'Angleterre précisément, sur ce même terrain de Murrayfield. J'étais dans la tribune ce jour-là. J'avais 17 ans et je jouais pour Merchiston Castle, mon école. »

Dans la tourmente, sur une pelouse transformée en piscine, les Écossais ont couru sur l'eau pour réaliser un match merveilleux d'à-propos, de courage et d'intelligence. Ils ont pris les Anglais à la gorge, pas comme des voyous, loyalement, en leur prouvant que le match se déroulait en terre écossaise et qu'ils ne gagneraient pas ici. Lawrence Dallaglio eut beau marquer un essai et Johnny Wilkinson frapper juste, le total anglais ne montera qu'à 13 points. Insuffisant. Gloire au rugby d'Écosse et vous chers amis anglais, apprenez, méditez sur ce vieux proverbe qui raconte l'histoire d'un ours dont il ne faut pas vendre la peau...

LE TOURNOI DES SIX NATIONS 2000

5 février	Rome	**ITALIE-ÉCOSSE** 34-20
	Londres	**ANGLETERRE-IRLANDE** 50-18
	Cardiff	**PAYS DE GALLES-FRANCE** 3-36
19 février	Paris	**FRANCE-ANGLETERRE** 9-15
	Cardiff	**PAYS DE GALLES-ITALIE** 47-16
	Dublin	**IRLANDE-ÉCOSSE** 44-22
4 mars	Édimbourg	**ÉCOSSE-FRANCE** 16-28
	Londres	**ANGLETERRE-PAYS DE GALLES** 46-12
	Dublin	**IRLANDE-ITALIE** 60-13
18 mars	Rome	**ITALIE-ANGLETERRE** 12-59
	Cardiff	**PAYS DE GALLES-ÉCOSSE** 26-18
19 mars	Paris	**FRANCE-IRLANDE** 25-27
1er avril	Paris	**FRANCE-ITALIE** 42-31
	Dublin	**IRLANDE-PAYS DE GALLES** 19-23
2 avril	Édimbourg	**ÉCOSSE-ANGLETERRE** 19-13

CLASSEMENT

1. **ANGLETERRE** .... 8 points (+ 113)
2. **FRANCE** .... 6 points (+ 48)
3. **IRLANDE** .... 6 points (+ 35)
4. **PAYS DE GALLES** .. 6 points (– 24)
5. **ÉCOSSE** .... 2 points (– 50)
6. **ITALIE** .... 2 points (– 122)

REPÈRES

LES MEILLEURS MARQUEURS :

1. O'Driscoll (Irlande) .... 5 essais
Cohen (Angleterre) .... 5 essais
Healey (Angleterre) .... 5 essais
4. Horgan (Irlande) .... 4 essais
5. Magne (France) .... 3 essais
Castaignède (France) .... 3 essais
S. Williams (pays de Galles) .... 3 essais

LES MEILLEURS RÉALISATEURS :

1. Wilkinson (Angleterre) .... 78 points
2. Dominguez (Italie) .... 61 points
3. O'Gara (Irlande) .... 58 points
4. Jenkins (pays de Galles) .... 48 points
5. Merceron (France) .... 33 points
6. Dourthe (France) .... 26 points

Roumanie-France : 20-67

Mi-temps : 8-29

Date : 28 mai 2000.
Terrain : Stade Dynamo, Bucarest.
Affluence : 5 000 spectateurs.
Temps : chaud, pelouse dure.
Arbitre : M. Molinari (Argentine).

France			Roumanie
Souverbie (Bègles)		**15**	Vioreanu
Heymans (Agen)		**14**	Dumitru
Dourthe (Dax)		**13**	Brezoianu
Cermeno (Perpignan)		**12**	Gontineac
Dominici (Stade français)		**11**	Solomie
Merceron (Montferrand)	o	**10**	Vusec
Hueber (Toulon)	m	**9**	Sirbu
Lalanne (Mont-de-Marsan)		**8**	Petrache
Magne (Montferrand)		**7**	Corodeanu
Audebert (Montferrand)		**6**	Manta
Nallet (Bourgoin)		**5**	Constantin
Benazzi (Agen), *cap.*		**4**	Draguceanu
Califano (Toulouse)		**3**	Dima
Ibañez (Perpignan)		**2**	Mavrodin
Collazo (Bègles)		**1**	Niculae

Remplaçants français : Bonduy, Cistacq, Elissalde, Labit, Miorin, Milloud, Galasso.

Les points

France : dix essais, Nallet (7e), Dominici (12e, 52e, 54e), Ibañez (20e, 72e), Merceron (30e), Benazzi (45e), Souverbie (60e), Elissalde (68e) ; sept transformations, une pénalité (36e), Dourthe.
Roumanie : trois essais, Solomie (14e), Brezoianu (64e), Mavrodin (80e), une transformation, une pénalité (2e), Vusec.

La physionomie

Cavalier seul d'une équipe française inexpérimentée et fabriquée par Bernard Laporte avec neuf débutants. Les Bleus disputent ce match sérieusement. Ils imposent ainsi leur puissance et leurs qualités collectives supérieures, en faisant entrer les sept remplaçants. Avec dix essais proprement construits, ils remplissent leur contrat face à des Roumains qui ne font plus figure d'épouvantail depuis longtemps.

UN MATCH À SENS UNIQUE

Même si Bernard Laporte considère ce déplacement à Bucarest comme un match acquis d'avance aux Français, il ne s'autorise aucune prise de risque. Alors, c'est ainsi que six des internationaux français de la Coupe du Monde 1999, les attaquants Dominici et Dourthe, les avants Magne, Benazzi, Ibañez et Califano se retrouvent en tête de liste d'un XV de France qui n'a vraiment rien à craindre de Roumains toujours en quête d'une splendeur et d'un haut niveau hors de leur portée.

Pour faire bonne mesure et valoriser le capitanat, Laporte a confié les galons de l'emploi à Abdel Benazzi, en train de terminer la rédaction de son autobiographie[1]. Benazzi ne donne qu'une consigne : prendre les Roumains au sérieux. L'affaire est rondement menée. Avec une nette avance au repos (29-8), les Français s'envolent vers une victoire très confortable (67-20), d'une signification et d'une validation toutes relatives.

A côté des anciens précités, cette équipe de France faisait la part belle à des espoirs comme le pilier Patrick Collazzo, le deuxième ligne Lionel Nallet, l'avant aile Alexandre Audebert, les attaquants Cedric Heymans et Frédéric Cermeno, entre autres.

En définitive, les Français se font plaisir. Ils ont récité les gammes de leur rugby, en commençant par de bonnes constructions en mêlée ou en touche et en finissant par de larges démonstrations offensives.

1. *La Foi du rugby*, Solar.

Trois essais pour Dominici : de la routine.

Hueber, presque en rupture, contrôle un difficile ballon.

Jean Cormier

Le bal des hommes en noir

Le premier Circuit mondial de rugby à VII s'achève à Paris, au stade Charléty, durant un week-end de forte actualité rugbystique puisque se disputent également les finales du Super 12, de la Heineken Cup et du Bouclier européen en plus de Roumanie-France. Sans oublier Galles-Barbarians français à Cardiff.

Le Tournoi «Air France Sevens» passe là un test vital pour son avenir : il lui faut prouver sa capacité à voler de ses propres ailes. Pour la première fois, il ne profitera pas de la spirale déclenchée par la finale du championnat de France, sur laquelle Charléty s'est appuyé lors des quatre premières éditions. Ce fut une réussite, 6 000 personnes le samedi et près de 10 000 le dimanche pour le *big day*. Avec un jeu toujours spectaculaire qui met en évidence les qualités physiques et techniques, un jeu idéal pour se préparer au XV. Rappelons que les frères Liévremont, Marc et Thomas, s'y sont bonifiés et que le petit de la tribu, Mathieu, fait partie de l'actuelle équipe de France à VII. Philippe Carbonneau et Olivier Magne ou encore Michel Marfaing ont progressé à VII. Serge Blanco, Philippe Sella, Denis Charvet, Éric Bonneval, Laurent Cabannes, Marc Cécillon... y ont joué et tous en ont gardé, en plus des bons souvenirs, un bagage amélioré. On peut dire que le VII sert de loupe aux lacunes techniques tout en mettant l'accent sur les carences physiques. La rapidité de course, la vitesse d'exécution, la vivacité d'esprit sont autant de qualités impérativement nécessaires à ce jeu qui est un cousin par alliance du XV mais qui possède ses spécificités et ses particularismes.

Alors que le président Bernard Lapasset envisage de prendre, pour l'essentiel, en charge les internationaux français dans le but de soulager les clubs, les équipes des pays du Sud n'ont pas ce genre de problème à résoudre. Que ce soient les Néo-Zélandais, les Australiens ou les Sud-Africains, ils sont carrément pros à VII. Cela simplifie leur vie et leur permet de se consacrer à leur sport. Même chose pour les Fidjiens, qui se présentent à Paris en favoris et du Tournoi «Air France Sevens» et aussi du Grand Prix dont ils sont les leaders devant les All Blacks. Ne se privant pas pour autant de leur meilleur rugbyman, XV et VII confondus, l'attaquant du Stade montois Waisale Serevi, crocheteur de génie, sera une fois encore l'Attraction.

Jusqu'au moment où, en quart de finale... Les Fidjiens ont l'habitude de ménager leurs efforts à ce degré de la compétition pour en garder sous les crampons pour la demi-finale et – puisqu'ils l'atteignent le plus souvent – la finale. Seulement, là, ils sont tombés sur un os : une phalange argentine déterminée en diable qui les plaqua avec sévérité et enthousiasme à la fois et les élimina à la régulière, 35-21. Ouvrant du même coup la voie royale aux All Blacks pour un formidable coup de deux, le Tournoi et le Grand Prix. Cette équipe de France pugnace ne laissa pas sa part au chien et n'en baissa pas moins pavillon pour s'incliner 19-0 devant les hommes en noir. Cela lui permettra de disputer la finale de la Plate, en fait la Consolante, contre... les Fidjiens. Vexés, les artistes du Pacifique se vengèrent sur des Français fatigués de l'insulte subie face aux Pumas et l'emportèrent 45-7, grâce, principalement, à un festival du diablotin Serevi.

En demi-finale, les All Blacks réglèrent leurs comptes à leurs cousins-ennemis australiens (24-7), alors que les Springboks d'Afrique du Sud peinèrent pour se tirer d'affaire devant les (décidément) très coriaces Argentins (17-10). Avec, en finale, un époustouflant cavalier seul des Blacks qui, sans leur bête noire – les Fidjiens – devant eux, se libérèrent et se jouèrent des Springboks à les ridiculiser : 69-10, à ne pas y croire ! Jackpot pour les visiteurs du bout du monde.

A eux le trophée Jean-Pierre-Rives remis par les présidents, Vernon Pugh, du Board, Bernard Lapasset, de la FFR, et Jean-Cyril Spinetta, d'Air France. En plus de la première couronne mondiale à VII, ce triomphe leur a permis de dépasser les Fidjiens et de finir avec 186 points contre 180. L'Agenais de l'équipe de France Jean-Bertrand Victor s'étant adjugé le prix du meilleur marqueur avec dix essais.

Jean Cormier

La mise en bière des clubs français !

Après s'être donnée dans ses deux premières éditions en 1996 au Stade toulousain et 1997 au CA Briviste, la Coupe d'Europe ne sourit plus aux clubs français. Ensuite, au moins hissaient-ils un représentant en finale, Brive en 1998 (battu par Bath), Colomiers en 1999 (défait par les Irlandais de l'Ulster) : en 2000 – sortons les mouchoirs –, aucune ville de l'Hexagone n'est montée au sommet de la Heineken Cup. Comment s'explique cette mise en bière du rugby français qui, hier leader, rétrograde dangereusement dans un rugby européen qui, lui, progresse globalement ? Même avec toujours une guerre de retard par rapport à l'hémisphère Sud et à son Top 12, devenu « the reference ».

Pendant le Tournoi, Britanniques et Irlandais s'accordaient à penser que cette cinquième édition de la Coupe d'Europe ne devait pas échapper aux Toulousains qui, avec leur kyrielle d'internationaux brillants en Coupe du monde, paraissaient au-dessus du lot. Il n'y avait guère que les Irlandais à ne pas se laisser intimider par le pedigree des Occitans. Les guerriers du Munster ne manquaient pas de remarquer que leur propre équipe comprenait une dizaine de joueurs à avoir battu l'équipe de France dans le Tournoi 2000. Donc no complexe !

Les quarts ayant porté les Toulousains en position idéale de recevoir ou presque – la demi-finale se réglera au Parc Lescure, à Bordeaux –, la question se pose pour l'ensemble du rugby français de savoir qui, des Gallois de Llanelli ou des Anglais de Northampton, rencontreront les Toulousains en finale ! Présomptueux ? Pas vraiment. A Toulouse, le maître à bord, Guy Novès, sent son club porteur de tous les espoirs des rugbyphiles du pays : « Notre équipe a effectivement toutes les raisons d'être motivée contre ces Irlandais. En 1999, l'Ulster nous a sortis avant de battre les voisins de Colomiers en finale et, en 2000, c'est l'équipe de France, avec plusieurs de nos joueurs, qui a été surprise. Il y a là de quoi avoir envie de sortir le grand jeu… » Le capitaine Franck Belot insiste, alors que les Rouge et Noir ont été mis au vert avant l'explication : « Si nous pouvons leur mettre une bonne rouste, on ne va pas se gêner… » Plus qu'à la sérénité le ton est à l'optimisme dans le camp rouge et noir.

Pendant ce temps, la bande de cet extravagant personnage du rugby moderne qu'est le talonneur Keith Wood fourbit ses armes dans la quiétude d'une Irlande qui frémit d'aise à l'idée de voir l'équipe de Dublin refaire le coup réussi par les boys du Nord en 1999. En position idéale, celle d'outsider, le poids des responsabilités pèse sur les épaules des autres, et les Dubliners attendent leur heure…

En perspective se dessine un duel de premières lignes pas piqué des hannetons.

Pelous : l'art de la passe…

D'un côté, Wood enserrant ses compères du XV du Trèfle, l'inusable Clohessy à droite et le colossal Hayes à gauche. Avec, pour tracter derrière eux, le capitaine Galwey. En face, les piliers des Bleus, Christian Califano et Franck Tournaire, bénéficient, pour leur part, de la poussée du capitaine de l'équipe de France Fabien Pelous en plus de celle de leur capitaine de club, Franck Belot. Et, en prise directe, de talonneur à talonneur, Yannick Bru, irréprochable, est prêt à relever le défi face à ce roublard de Wood.

Le début de match le prouve : les Irlandais et leurs formidables supporters – moins nombreux certes que les Languedociens mais au moins aussi enthousiastes – ne sont pas venus en victimes expiatoires dans cette ville de Bordeaux, profondément marquée par les Anglais dans un lointain passé. Leur mêlée tient la marée, leur touche est aussi intelligente qu'efficace, leur jeu est propre, sûr, attentif, patient, clairement organisé. En respectant un mot clé, que chaque joueur avait sous le nez, inscrit en grand dans le vestiaire : « DISCIPLINE ».

Immense arène où l'on est venu pour voir le taureau irlandais baisser la tête et s'offrir à la pique occitane, le Parc Lescure abrite, au contraire, une corrida d'un style différent. La bête irlandaise, couillue en diable, ne se contente pas de défendre son territoire, elle force ceux qui veulent la mater à se recroqueviller dans leur camp pour éviter et aussi repousser ses coups de boutoir. Parmi ceux-ci, les charges du terrible Wood, qui sort du bois plus souvent qu'à son tour. En fait, tout ça était attendu. Du moins partiellement. Par contre, les fautes de main, contrastant avec la richesse des intentions toulousaines, l'étaient beaucoup moins.

Christian Califano, qui ne fait jamais les choses à moitié et à qui le Stade toulousain doit tant, montre l'exemple, mais aujourd'hui c'est celui à ne pas suivre. Lui, le beau parleur, bafouille les ballons et les rend à l'adversaire. L'un d'eux, par le jeu des ricochets irlandais qui utilisent l'aubaine comme un cadeau du ciel, aboutit à

Belot-Galwey au-dessus des autres.

Penaud bloqué par Crotty.

l'essai de Hayes, l'autre pelé de la première ligne irlandaise, un déménageur de foire.

Ce genre de clignotant fait grimacer Daniel Santamans, l'ancien talonneur des Rouge et Noir devenu co-entraîneur du Stade. Il ne s'y trompe pas. Le match est en équilibre. Certes, rien n'est perdu, mais les occasions filent, le temps passe et le score reste noué après que l'ouvreur O'Gara eut inscrit les premiers points de la partie sous forme d'un but de pénalité : 3-3, 3-8, 6-8, 9-8, 12-8, 12-11, 15-11 à la mi-temps en faveur des Toulousains.

Les Toulousains ne parviennent pas à concrétiser et assurent mal la passe qui pourrait permettre de marquer. On espérait qu'avec plus de concentration le beau jeu des champions de France se remettrait en place et parviendrait à déstabiliser l'adversaire. En fait, pas grand-chose ne change dans le cours des opérations. La défense de Munster est toujours aussi pugnace et vigilante, avec des attaques vives, précises, sans fioritures, qui ne manquent pas d'efficacité. Tel ce mouvement parfait, fait d'actions tranchantes réalisées grâce à des angles de course parfaits, avec du timing de tableau noir et un flair de grand joueur. Ce mouvement conduit le bolide rouge de Munster de l'autre côté de la ligne de flottaison des Toulousains, sous forme d'un essai signé Holland, centre féroce, doué et lucide. Un grand coup sur la cafetière des Toulousains. Il serait temps qu'ils retrouvent leur meilleur rugby s'ils ne veulent pas voir leur rêve européen s'envoler. Mais rien à faire, comme le dit l'écrivain moustachu Alain Leygonie, dit le Brigadier : «Je crois bien que cette fois l'effectif ne va pas suffire… »

Toujours, au départ des incisives actions irlandaises, on retrouve le vif demi de mê-

Desbrosse en déséquilibre.

lée à crâne rasé Stringer, un capitaine cent mille volts qui éjecte le ballon d'une passe sobre. Son économie de gestes ravit l'ancien « 9 » des Diables verts Andy Mulligan : « Un demi de mêlée qui arme sa passe en ayant besoin de prendre de l'élan sur la droite pour expédier son ballon à gauche, ou vice versa, perd du temps et, en rugby, les centimètres gagnés en mêlée par la poussée ou les centièmes de secondes grappillés par la passe d'un demi de mêlée qui déclenche les attaques peuvent permettre, en bout de ligne, à un ailier de passer. »

Quant au score, il reste sur le fil du rasoir, avec un léger avantage aux Toulousains avant que les dieux d'Ovalie ne choisissent leur camp : 15-14, 18-14, 18-17, 18-24, 18-31 et enfin 31-25 pour le Munster. C'est donc une équipe de Dublin sur son trente et un qui a logiquement remporté ce combat des chefs contre l'équipe toulousaine, préservée d'un KO plus retentissant grâce à un essai du demi de mêlée Jérôme Cazalbou dans les arrêts de jeu.

Le mot d'ordre « DISCIPLINE », qui s'écrit en anglais comme en français pour un jeu qui a conservé le nom de la ville anglaise où il est né, Rugby, a été respecté. Ainsi Keith Wood, fantastique joueur mais aussi coquin devant l'Éternel, a-t-il mis de l'eau dans sa Guinness en se faisant (un peu) plus sobre qu'à l'habitude.

« Victime de balles perdues » titrera joliment Jacques Verdier dans le *Midi olympique* avant de constater l'incapacité des Toulousains à élever leur jeu. Le capitaine Franck Belot reconnaît avec son honnêteté coutumière : « Il nous a manqué le petit plus de concentration qui fait qu'on attrape les ballons au lieu de les relâcher. Nous avons manqué d'allant. On s'est laissé endormir par l'entourage ; plus ou moins in-

Même lancé, Wood ne passe pas...

consciemment, on s'est cru en finale avant l'heure ! »

Voici donc le Munster en finale sur les traces de l'Ulster. Sacrés Irlandais, eux qui ont servi si longtemps de faire-valoir à l'équipe de France, ils sont devant ! Avec un ultime match à gagner, contre les Anglais de Northampton, lesquels, après leur succès discuté et discutable contre les Wasps de Lawrence Dallaglio en quart, ont eu le dernier mot sur les Gallois de Llanelli (31-28). Grâce à un ultime coup de pied de l'ouvreur Paul Greyson. Pour cette finale, la ligne est irlandaise. N'ont-ils pas sorti le Stade français et le Stade toulousain ?

Et, une fois de plus, la glorieuse incertitude du sport y trouvera son compte. Dans le Temple de Twickenham, les saints de Northampton sont décidés à dire une messe sans fioritures. Dans un match qui n'aura rien d'exceptionnel qualitativement, ils vont s'imposer sur un score étriqué (9-8) inversement proportionnel au bonheur déclenché. Depuis sa création en 1880, Northampton n'avait rien gagné, et il se dit qu'en une seule nuit les Saints ont péché par abus de boisson pour rattraper le temps perdu !

Dans ce week-end chargé où l'équipe de France (riche de neuf débutants) étrille les Roumains à Bucarest (67-20), des Palois plus volontaires se sont attribué à Toulouse, aux Sept Deniers, le Bouclier européen au détriment d'une autre équipe française, le Castres Olympique (34-21), avec deux essais de l'avant-aile béarnais Nicolas Bacqué.

A peine la Coupe d'Europe 2000 termi-

Ugo Mola échappe aux Palois.

Pour les Palois, le bouclier du bonheur.

Lamaison neutralisé par Bidabe.

née, une équipe française peut gagner son billet pour la suivante. Qui, du CA Brive ou du Biarritz Olympique, remportera la Coupe de France, feu le challenge Yves-du-Manoir ? Verdict dans ce même Parc Lescure, si peu favorable aux Toulousains.

« Le match va se régler sur peu de chose », prédit Christophe Lavergne, du *Pousse-au-Crime*. Les faits lui donnent raison. Principalement en première mi-temps, où les Corréziens dominent, avec l'appui du jeu au pied de Titou Lamaison, sans vraiment être payés de leurs efforts.

Le deuxième acte sonnera la rébellion basque. Dans le sillage de leur toujours aussi vaillant capitaine Jean-Michel Gonzales, les Biarrots commencent, en mêlée principalement, et le reste a suivi. Avec, en début de deuxième mi-temps, un essai de Philippe Bernat-Salles qui mit ainsi un énorme coup de gourdin aux Brivistes décontenancés. Par 23-14, l'équipe chère à Serge Blanco remporte la Coupe qui fait déborder d'euphorie une ville qui n'avait plus rien gagné depuis le titre de 1939.

Carrat dans l'étau Botica-Matiu.

Betsen, le fer de lance du Biarritz Olympique.

Des rires et des chansons pour les Biarrots.

Stade français CASG – Colomiers : 28-23

Mi-temps : 14-13

Date : 15 juillet 2000.
Terrain : Stade de France, Saint-Denis.
Affluence : 48 500 spectateurs.
Temps : frisquet.
Arbitre : M. Mené (Provence).

Stade français CASG			Colomiers
Stolz		**15**	Sadourny, *cap.*
Dominici		**14**	Roque
Comba		**13**	Carré
Mytton		**12**	Sieurac
Raffault		**11**	Lhande
Dominguez	o	**10**	Skrela
Laussucq	m	**9**	Culinat
Juillet, *cap.*		**8**	Ntamack
Pool-Jones		**7**	Tabacco
Moni		**6**	De Giusti
Chaffardon		**5**	Lorenzi
Auradou		**4**	Revallier
De Villiers		**3**	Tomuli
Pedrosa		**2**	Laurent
Marconnet		**1**	Delpuech

Les remplaçants

Stade français CASG : Gomes, Foissac, Jonnet, Rabadan, George, Wring, Landreau.
Colomiers : Pedoussaut, Marticorena, Magendie, Peysson, Manent, Dal Maso, Graou.

Les points

Stade français CASG : trois essais, Dominici (42e), Laussucq (44e), Comba (61e); deux transformations, trois pénalités (8e, 14e, 39e), Dominguez.
Colomiers : deux essais, Ntamack (33e), Culinat (80e); deux transformations (la 2e de Marticorena), trois pénalités (17e, 19e, 48e), Skrela.

La physionomie

Les Parisiens mettent leur plan en place : grosse mêlée et défense de fer. En face, les Columérins s'évertuent à brouiller les cartes par un jeu qui sème le désordre, où ils se retrouvent et se régalent, autour de l'ouvreur David Skrela et du 8 Francis Ntamack.
Malheureusement, une blessure au genou freine Skrela, moins efficace dans ses tirs au but et dans sa gestuelle. Offrant un ballon d'interception à Franck Comba qui creusera la différence.

Pierre Albaladejo

Le Stade français à la roulette russe...

En cette fin de saison 1999-2000, si on se penche sur le rugby hexagonal, on reste frappé par les hésitations continuelles sur la formule du championnat. Certes, ce débat permanent est aussi ancien que le championnat de France mais, en cette période d'un professionnalisme croissant, il gagnerait, si l'on ose dire, à être éclairci et à déboucher, enfin, sur une formule qui réalise une certaine unanimité. Aujourd'hui, tout est plus aigu et compliqué qu'autrefois et, en outre, il faut tenir compte de ce que la Coupe du monde a complètement bouleversé le calendrier des compétitions européennes et françaises.

En s'enfonçant dans l'été, le rugby français ne se dynamise pas. Au contraire. Par rapport à l'Euro foot et au Tour de France, il est incongru de voir le championnat de France atteindre sa phase finale. C'est tellement insolite que personne n'y comprend quoi que ce soit.

En réalité, le rugby français, dans son système professionnel, ne se porte pas aussi bien qu'on le pense. Pour la simple raison que l'écart entre les recettes et les dépenses, voire les investissements, est prononcé. Sans équilibre financier, aucun professionnalisme ne saurait être viable. J'ai peur que le rugby français professionnel ne le soit pas, globalement parlant.

Tout part d'une évidence : la protection de l'élite – quel que soit le nombre de clubs concernés – est la première des nécessités pour que le professionnalisme du rugby ait consistance et panache.

Certaines erreurs me paraissent graves. On se félicite par exemple de l'existence d'une division Pro B alors que la Pro A ne réussit même pas à tourner sur des bases saines pour la majorité de ses membres. Le rugby français s'étourdit dans un certain professionnalisme pour le plaisir de se mettre au goût du jour, de suivre l'air du temps. Cette ambiguïté est troublante.

Autant le football et le basket, pour comparer avec des sports d'équipe professionnels, prospèrent grâce, au moins, à une cadence soutenue de leurs rencontres, sur le rythme de deux à trois matchs par semaine, autant cette formule est impossible à appliquer en rugby. Pourtant, certaines équipes – je le sais – peuvent aligner quinze titulaires sur le terrain et autant de joueurs sur le banc des remplaçants.

Mais ces équipes ne forment qu'un petit groupe et, en plus, la spécificité du rugby interdit, je le répète, des calendriers à haute dose, avec plusieurs rencontres s'enchaînant dans un très court laps de temps. Pourtant, cela s'est produit dans des cas de force majeure. Mais, s'il ne prend pas en compte la santé des joueurs français, le professionnalisme conduira le rugby vers des points extrêmes, avec toutes les conséquences physiologiques, morales et sociales que l'on devine et que l'on craint.

Carbonneau mal à l'aise : fin de carrière briviste.

L'élévation sociale du rugbyman français n'est pas une notion indépendante du professionnalisme. Elle en fait partie au prétexte qu'un professionnel du ballon ovale doit suivre une préparation qui le respecte. La disparité des entraînements selon les clubs est ahurissante. Certains exagèrent, d'autres n'osent pas atteindre une cadence minimale. Résultat : certaines rencontres, terriblement déséquilibrées, nuisent à l'image du jeu et au renom de clubs qui ont justement besoin de succès. Bref, c'est incohérent.

Il arrive dans certaines équipes que les joueurs doivent s'entraîner deux fois par jour et ce quatre fois par semaine, sans compter, par ailleurs, les délais de mise au vert ou de déplacements avant un match. Cet exemple, qui n'est pas rare, suppose une réelle indépendance sociale des uns et des autres. Je ne suis pas certain que cette indépendance soit si répandue dans l'élite du ballon ovale français.

Autant le Stade toulousain reste la référence absolue, tant en gestion financière que sportive et humaine, autant l'exemple de la rébellion des rugbymen du Stade français contre leur entraîneur Georges Costes est un exemple négatif et attristant.

Quoi que l'on pense des méthodes de Georges Costes, il ne revenait absolument pas aux Stadistes de se révolter et de chasser leur entraîneur sans autre forme de procès et avec si peu d'élégance. Cette aspiration à une autogestion de l'équipe est un excès du professionnalisme, aux dépens de dirigeants bénévoles qui sont réduits à cautionner un mouvement d'humeur sous peine d'être désavoués à leur tour.

Si le professionnalisme justifie ce genre de comportement, il n'a pas sa raison d'être. Ou plutôt, il a besoin d'être assumé par des dirigeants professionnels. On s'enlise dans un système sans solidarité, exclusivement inspiré par le lucre. Le rugby n'en est pas encore là, que je sache.

Le rugby français vit, finalement, dans un bain de naïveté. Les budgets des clubs ont, en majorité, été multipliés par trois ou quatre en moins de cinq ans. Il convient maintenant de les stabiliser. Sinon, ceux qui courront à l'abîme ne manqueront pas d'y entraîner les autres.

*
* *

Un événement nouveau caractérise le rugby français. Désormais, les équipes de l'élite visent deux objectifs : la qualification pour des compétitions européennes qui garantit de brillantes rentrées financières et le Bouclier de Brennus, éternel trophée du championnat de France, pour la gloire qu'il procure et le symbole institutionnel qu'il incarne depuis des lustres.

Une présence en Coupe d'Europe est désormais financièrement vitale pour un club qui nourrit une certaine ambition. Ce printemps 2000, le Biarritz Olympique a été le premier qualifié pour l'Europe grâce à sa victoire en Coupe de France sur le CA Brive.

Sportivement, les Biarrots méritaient bien leur succès, leur premier depuis... 1939. En plus, financièrement ils s'en tiraient au mieux avec des rentrées de près de 10 millions de francs, en intégrant les recettes propres et surtout les avantages indirects découlant du sponsoring.

D'ailleurs, en ayant assuré leur avenir européen, les Biarrots n'en étaient que plus dangereux et plus inspirés dans leur approche du championnat. Leur élimination en quart de finale par le Stade toulousain fut un des sommets de cette fin de championnat : en revenant de 9-15 à la mi-temps à 18-18 à la fin du temps réglementaire puis en obligeant les Toulousains à se surpasser dans les prolongations (28-18), les Basques avaient frôlé l'exploit.

Pour en revenir aux considérations matérielles, devenues cruciales, plusieurs grandes écuries du championnat ont bel et bien mordu la poussière avant l'échéance minimale. L'exemple du RC Narbonne

Les Palois à l'attaque. Les Columérins à la peine.

avait été l'un des premiers dans le genre, en générant des remous internes inévitables. Mais la liste des absents dans les ultimes phases du championnat était aussi longue que prestigieuse.

L'élimination prématurée du CA Brive interpellait les esprits avertis : financièrement indépendant, le club corrézien était vulnérabilisé par son propre sort. L'exode massif de ses meilleurs éléments (comme Lamaison au SU Agen et Philippe Carbonneau à la Section paloise) était inévitable. Pour l'AS Montferrand, éliminée par la Section paloise, ce n'était qu'une grosse déception, un an après la finale du Stade de France en face du Stade toulousain.

Bien sûr, l'assise financière des Clermontois paraît assurée mais, dans le même temps, on a peine à admettre que cette phalange montferrandaise, si riche en fortes individualités, ne tourne pas à meilleur régime.

Il faut également évoquer les sorts fâcheux réservés au SU Agen, incroyablement décevant après une si prometteuse saison hivernale, à l'US Dax, assez irrégulière, à l'USA Perpignan, inconstante en dépit de grands moyens, au CS Bourgoin, dans une phase délicate, au FC Grenoble, déconcertant, voire au Castres Olympique, qui n'a jamais lésiné sur les moyens depuis quelques saisons, etc.

Avec tant de grandes équipes hors course, le rugby français se privait de candidats potentiels valables pour les campagnes européennes 2000-2001. D'accord, les places européennes n'étaient pas données en quantité. Mais, ici et là, on s'était tellement focalisé sur l'Europe que la déception de manquer le dernier train prenait des proportions financières dramatiques.

Cette irruption de l'Europe dans les enjeux du championnat n'est pas exempte, en certaines situations, d'arrière-pensées. En raison de la Coupe du monde, le calendrier s'étire donc inexorablement. Mais il y a un grave dysfonctionnement dans le rugby français : le championnat ne se termine que le 15 juillet alors que la période des mutations s'ouvre – hasard, calcul ou rien du tout ? – le 1er juin.

Et c'est ainsi que le solide deuxième ligne canadien Michael James, passé de l'USA Perpignan au Stade français en juin, put jouer le 2 juillet en quart de finale avec ses partenaires catalans contre le… Stade français. Vainqueur, James privait les Stadistes, ses futurs équipiers, de la Coupe d'Europe. Battu, il préservait ses intérêts propres pour 2000-2001.

Je ne mets pas en doute l'honnêteté de James. Mais le système ne me paraît pas sain. Des entraîneurs se posent des questions. Des supporters aussi. Des dirigeants, également. Le meilleur moyen de balayer ces soupçons aurait été d'adapter les réglementations des mutations au calendrier. D'autres individualités que James se sont trouvées dans des situations aussi ambiguës.

Tabacco impérial, réellement au-dessus du lot.

Cela posé, avant les demi-finales, la phase finale du championnat n'avait pas débouché sur une radicale amélioration du jeu fourni. Et ce constat engendre matière à intéressante réflexion.

En effet, si l'on prévoit qu'un resserrement à quinze clubs garantit automatiquement un rugby de meilleure qualité – exigence de base du professionnalisme éclairé –, ce que l'on a vu en cette période de mai-juin, où l'élite du rugby français prenait forme et se dégageait, n'était pas de nature à nous rassurer. En vérité, le rugby pratiqué n'était pas meilleur qu'avant et, pour moi, cette réalité est troublante.

En gros, l'essence du rugby a besoin d'être filtrée. Il y a une disparité, quelque part, entre les moyens annoncés et mis en œuvre et le jeu fourni. Je n'accuse personne en particulier. Je ne procède qu'à un examen des lieux et des forces, dans les ultimes tours du championnat.

Si le jeu ne se hisse pas, radicalement, à un niveau de haute qualité, je prévois des désagréments et de grosses désillusions à l'heure des bilans... financiers. Les sponsors ne vont pas continuer à alimenter le rugby à haute dose sans espérer, au moins, recevoir en retour des compliments sur l'attractivité du spectacle donné.

Quoi qu'il en soit, en s'offrant un carré d'as très diversifié, le championnat de France 2000 se donnait le plaisir d'un mélange de tradition et de nouveauté. Du côté de la tradition, la présence du Stade toulousain entrait dans l'ordre normal des choses. Mêmes accrochés par les Biarrots, les Toulousains s'étaient tirés d'affaire à la faveur de leur méthode, de leur préparation et de leurs individualités, Pelous, Miorin, Marfaing en tête. Rien d'inédit ni de surprenant chez les Toulousains, qui ont tenu leur route, non sans quelques accrocs, depuis le début de la saison.

Tradition aussi pour le Stade français

qui, après tant et tant de tourments, se rétablit à temps aux dépens des Perpignanais. Les Parisiens, qui s'en remettent toujours à l'inégalable Dominguez, avaient sauvé leur avenir européen. C'était certainement le principal. D'autant que, comme d'habitude, ce club allait se montrer très actif sur le marché des transferts.

La nouveauté soufflait plutôt dans l'autre demi-finale, entre la Section paloise, un club très intéressant, animé par une volonté inouïe, et l'US Colomiers, une équipe familiale qui cultive encore l'amour du maillot comme un dogme et préconise des valeurs en voie de disparition ailleurs.

Manifestement, les gros budgets ne suffisent pas dès lors que tout se joue dans une ambiance survoltée où il s'agit de se dépasser pour contenir de furieux adversaires. La vaillance n'est pas une vue de l'esprit dans le rugby des clochers. La régularité non plus. Car, par exemple, avant le coup d'envoi de leur match avec les Columérins, les Castrais se savaient déjà qualifiés pour une compétition européenne en 2000-2001, avec tous les avantages financiers afférents, en conséquence de l'étroit succès (28-27) des Palois sur les Montferrandais.

Cette inégalité de traitement dans la course à l'Europe n'était peut-être pas calculée. Toujours est-il qu'elle était devenue réalité. La différence d'intensité de motivation entre les Castrais de Thomas Castaignède et les Columérins de Fabien Galthié était un fait logiquement supposé.

Bien sûr, chaque équipe avait abordé cette rencontre à sa manière, en se fiant à ses atouts habituels. Les Tarnais avaient eu plusieurs occasions de prendre un net avantage au score sur leurs adversaires. Les Columérins avaient bien réagi. Avant même le coup d'envoi, ces deux clubs se savaient promis à un programme européen en 2000-2001. Ils pouvaient donc évoluer à leur guise en ne songeant qu'au Bouclier de Brennus, dont ils étaient quand même encore assez loin.

*

* *

Le regard clair, le ballon bien en mains, c'est Dominguez.

Avec des demi-finales attrayantes et contrastées, Stade français-CASG-Stade toulousain et Section paloise-US Colomiers, le rugby français s'offrait un « carré d'as » tout à fait dans l'air du temps et reflétant différentes écoles hexagonales et plusieurs aspects du professionnalisme. D'ailleurs, à ce propos, l'attribution des demi-finales prêtait à réflexion : dans un récent passé, les demi-finales du championnat se jouaient, à peu près régulièrement, à Lyon et à Bordeaux ou à Toulouse, trois agglomérations disposant de grandes arènes sportives, d'une capacité avoisinant 40 000 spectateurs.

Cette année, ces mêmes demi-finales avaient lieu à Agen (entre Palois et Columérins) et à Béziers (entre Parisiens et Toulousains). Mais ces deux stades n'accueillirent respectivement que 7 000 et 12 000 spectateurs, des affluences en retrait sur les normes saisonnières habituelles du championnat. Il est vrai, par ailleurs, qu'en ce mois de juillet, envahi par tant d'autres événements sportifs de première importance, le rugby se situe en décalage d'intérêt sur ces autres manifestations.

En tout cas, ces deux demi-finales se sont révélées comme des parties de haut prestige et de grand panache. Se sachant délivrés de toute angoisse qualificative pour les compétitions européennes, les quatre clubs en lice ont libéré tout leur potentiel par nécessité tactique pour atteindre un objectif sans nuance : la qualification pour la finale ou une élimination sans appel. Ce raisonnement schématique se fondait sur une réalité : après avoir posé que la défense, dans le rugby moderne, est la clé de l'attaque, aucune équipe ne peut être battue, surtout en phase éliminatoire, sans avoir fourni un minimum de combinaisons avec une pointe d'audace.

Il fallait donc, quelque part, prendre certains risques offensifs. En se laissant piéger à ce jeu, de propos délibéré, les uns et les

Stensness, en force, emmène les Toulousains.

autres se créaient assez d'opportunités pour saisir l'avantage en se détachant au score. Non sans peine, parfois. Mais c'était le lot de ces demi-finales.

Entre Colomiers et Pau, j'ai eu l'impression de revivre le même processus à haut suspense que, quelques jours plus tôt, en finale de l'Euro entre la France et l'Italie. En arrachant l'égalité (11-11) sur un coup de pied de pénalité, à l'ultime seconde du temps réglementaire, le jeune David Skrela avait sauvé Colomiers et, par enchaînement, détruit la Section paloise, finalement éliminée de justesse (22-24).

Cette partie avait été dominée par le duel des deux ouvreurs, David Skrela et David Aucagne, tous les deux dotés d'un coup de pied de Goliath. Costaud, bon technicien et sachant garder son sang-froid dans les périodes les plus cruciales, David Skrela est assurément un attaquant d'avenir, en ce sens qu'il est assez polyvalent pour être utilisé comme centre, demi d'ouverture ou arrière. Son talent est incontestable.

Les Palois méritaient tout autant que leurs adversaires une place en finale. Je ne retire rien de ce que je pense d'eux. Leur coloration béarnaise est un atout d'importance dans un rugby qui a tendance à perdre ses repères. Les joueurs étaient cruellement déçus, d'autant plus qu'à 40" de la fin ils étaient finalistes. Leurs supporters l'étaient tout autant. Exactement comme les Italiens à Rotterdam le dimanche 2 juillet...

Quant à la victoire du Stade français sur les Toulousains, elle est inattendue mais pas imméritée. Les Parisiens mènent leur saison selon des critères d'autogestion qui n'appartiennent qu'à eux. En prenant le pouvoir, les Stadistes ont voulu démontrer qu'ils étaient plus forts que leur ancien entraîneur ne le pensait. Pour l'heure, ils poursuivent une très belle aventure et ils doivent rigoler du pied de nez lancé à l'institution du rugby.

Ce phénomène, valorisé grâce à quelques individualités d'exception, est quand même dépendant de ces individualités, les Christophe Dominici, Pool-Jones et autres Juillet ou Dominguez. Résistera-t-il à terme à l'épreuve du temps et des ambitions internes ?...

Pour l'heure, néanmoins, le Stade français est supérieur à ses adversaires, le Stade toulousain étant le dernier en date. Curieusement, les Toulousains avaient amorcé voici quelques matchs un déclin dans la finition. En accusant une légère baisse de régime, les hommes de Fabien Pelous se mettaient à la portée de leurs opposants. Ces diables de Stadistes parisiens n'étaient pas d'humeur à se laisser accrocher par les Toulousains. Ils avaient, pour les raisons exposées, une motivation collective exacerbée. D'ailleurs, tels qu'ils sont partis, les Parisiens peuvent bien arriver au bout : ils possèdent tellement de talents différents et complémentaires dans leurs rangs qu'aucun exploit ne paraît hors de leur portée.

Cela posé, il convient de relativiser. Si le Stade toulousain manquera, cette année, à la finale du championnat, je me dois de rappeler qu'au terme des matchs de poule les deux finalistes, le Stade français et l'US Colomiers, ne figuraient respectivement qu'à 11 points et plus de leur leader de poule, le Stade toulousain, largement dominateur, voire impérial.

Sur la durée, de l'automne 1999 au printemps 2000, le Stade toulousain était largement numéro 1 des clubs français. Mais, depuis toujours, le rugby français cultive le charme d'une phase finale à élimination directe. Les Toulousains et les Palois en ont été victimes. Ils pensent déjà à une revanche...

Au nom du prestige du rugby français, le Stade français et l'US Colomiers ne méritaient pas cet affront de se défier, en une soirée de juillet qui n'en était pas climatiquement une, dans un stade à demi désert ou à moitié plein, selon que l'on analyse la situation avec pessimisme ou optimisme. La responsabilité de la Ligue est en cause car – on y revient – il s'agit de professionnalisme et de sauvegarde de la plus importante manifestation franco-française du rugby.

Michel Marfaing, l'élégance toulousaine.

En alignant la finale du championnat sur les critères du Tournoi, les dirigeants de la Ligue et de la FF rugby ont visé à côté. Le manque à gagner affecte essentiellement

Une finale qui sonne le creux. Dommage.

les clubs français, déjà accablés par les soucis financiers. L'ambiance de cette soirée d'apothéose souffrit de la minceur de l'assistance.

Cette finale 2000 n'entrera pas dans les plus belles de l'histoire du rugby français. Elle était assez insolite dans sa composition, puisque ni les Stadistes ni les Columérins ne figuraient, quelques semaines auparavant, au premier rang des postulants. Dans le cas présent, le Stade français, qui jouait sa saison à la roulette russe depuis quelques mois, l'a emporté sur ses vertus collectives et son mode de pensée.

Après le départ de Bernard Laporte, les Parisiens n'avaient pas trouvé en Georges Costes l'entraîneur en qui ils avaient besoin de croire pour se surpasser. Ce hiatus interne n'était qu'une profonde lézarde. Dans cette rébellion, le Stade français aurait pu perdre son âme et sa motivation. Il n'en fut rien. Au fond, les Stadistes avaient bien préparé leur révolte et, en enchaînant directement sur un phénomène d'autogestion, ils s'assumaient complètement.

Sans approuver cette démarche de professionnels, qui ne tient aucunement compte de l'environnement des bénévoles, je ne peux que saluer la réussite des Stadistes. Ils avaient dénoncé les carences de leur entraîneur et ils sont, à la faveur d'une brillante fin de saison, devenus champions de France. Ils s'étaient dépassés eux-mêmes, au long d'un parcours qui n'était pas gagné d'avance.

D'ailleurs, à mes yeux, les partenaires de Christophe Juillet étaient, quelque part, un peu gênés de cette méthode. Mais tous ces garçons, qu'ils soient de France ou d'ailleurs, sont bien élevés et ils font honneur au jeu lui-même par leur discipline.

S'il y avait un enseignement essentiel à retenir de cette finale, je le situerais dans cette évidence : des professionnels venus de partout peuvent très bien se comporter comme des copains, issus d'un même terroir. En faisant de leur campagne de printemps une affaire de fierté et d'esprit d'équipe, les professionnels du Stade ont étonné beaucoup de monde. Chapeau, messieurs !

Mais avec cette note d'irrationnel dans leur système, depuis le cœur de l'hiver, les Stadistes se sentaient toujours redevables d'une performance vis-à-vis de ceux – leur président Max Guazzini en tête – qui les avaient laissé réagir à leur guise et obtenir, à l'arraché, le départ de leur entraîneur.

Cette finale 2000 a reflété aussi la longueur d'une saison bien trop éprouvante pour l'élite. Les uns et les autres, les Stadistes et les Columérins, étaient à bout de forces, sans être responsables de cet état de choses. Mais eux qui rêvaient de disputer la finale au top de leurs moyens physiques étaient certainement en décalage par rapport aux joueurs qu'ils auraient aimé être.

A vrai dire, les Columérins n'imaginaient pas jouer cette finale, la première de leur histoire, sans pratiquer leur rugby de mouvement, d'audace et d'inspiration. Malheureusement pour eux, ils étaient trahis par une sourde lassitude qui rongeait leur potentiel.

Et en s'exposant à la défense du Stade français, les Columérins ont facilité la suprématie des Parisiens. Ceux-ci étaient aussi talentueux et plus expérimentés que les partenaires de Jean-Luc Sadourny. En contrant les Columérins sur leurs points forts, au milieu du terrain dans les phases grand champ, les Stadistes bâtissaient leur succès.

La déception de l'US Colomiers s'est trouvée symbolisée par le comportement de l'infortuné David Skrela. Ce jeune ouvreur, qui avait été le héros de la demi-finale, n'a pas réussi les pénalités qu'il aurait dû absolument transformer pour maintenir un certain suspense dans une partie contrôlée par les Parisiens.

En fait, en une seule soirée, David Skrela a connu le pire : il a raté le match qu'il ne fallait absolument pas manquer. La solitude d'un buteur est à deux visages : ou bien il est le sauveur de la partie ou bien il

Culinat à l'assaut, Juillet veille au grain.

David Skrela-Diego Dominguez : face à face.

Sadourny en tenaille entre Pool-Jones et Mytton : il ne passe pas!

Dominici lancé, un vrai danger.

Pour Comba, voie libre vers l'essai.

Jean-Claude et David Skrela : déception partagée.

a le sentiment de trahir les siens. David Skrela ne mérite pas plus un excès d'honneur que d'indignité. Il n'est qu'un rugbyman en ascension et qui – je parle d'expérience – ne pourra jamais éviter ces moments négatifs que traversent les buteurs de service. Enfin, David Skrela n'est qu'à l'orée d'une carrière très prometteuse. A l'image de l'US Colomiers.

Quant au Stade français, champion de France de derrière les fagots, il fera honneur à son titre 2000 avec une équipe profondément modifiée. Les nouveaux arrivants vont pousser à l'écart certains titulaires actuels, selon la loi d'un professionnalisme exacerbé qui, à Paris comme ailleurs, demande toujours de nouvelles têtes d'une saison sur l'autre.

C'est, paraît-il, la loi du genre. Jusqu'à maintenant le Stade français a illustré un professionnalisme de bon esprit. Si les Stadistes n'avaient pas atteint leur objectif, ils auraient encaissé une volée de bois vert. Au lieu de ça, ils ont touché en l'Australien John Connolly un entraîneur de qualité. Retour à la normale…

LA PHASE FINALE

TOUR QUALIFICATIF	QUARTS DE FINALE	DEMI-FINALES	FINALE
Dax (n° 8) 24 **Biarritz** (n° 9) **37**	**Toulouse** (n° 1) **28** Biarritz (n° 9) 18	Toulouse (n° 1) 13 **Stade Français** (n° 4) **30**	**STADE FRANÇAIS** (n° 4) **28** Colomiers (n° 6) 23
Agen (n° 5) 32 **Perpignan** (n° 12) **33**	**Stade Français** (n° 4) **25** Perpignan (n° 12) 15	Pau (n° 2) 28 **Colomiers** (n° 6) **24**	
Montferrand (n° 7) **41** Brive (n° 10) 23	**Pau** (n° 2) **28** Montferrand (n° 7) 27		
Colomiers (n° 6) **20** Bourgoin (n° 11) 18	Castres (n° 3) 15 **Colomiers** (n° 6) **29**		

Jean Cormier

Rugby, capitale Paris

Celui qui verrait le film de cette finale sans le son serait persuadé qu'elle se déroule en hiver, au moment du Tournoi. Les vêtements sont épais, l'allure des gens qui marchent vers le Stade de France, décidée, car il faut se réchauffer. Les marchands de merguez vendent plus que les marchands de glaces. A force de dire que cette finale est hors saison, trop loin, en plein été, on se demande si elle n'est pas décalée encore plus loin, jusqu'en hiver. Ce n'est pas un 15 juillet, mais un 11 novembre ! Un crachin désagréable picote les ardents rugbyphiles qui ne renâclent pas ; pour rien au monde ils ne manqueraient la finale. Le président Chirac – dont le père a été international militaire – compte parmi les 50 000 personnes qui empêchent ce match au sommet français d'être confidentiel. Rappelons que la FFR ne pouvait pas changer de cadre, par exemple au profit du Parc des Princes ou du stade Lescure à Bordeaux, puisqu'elle a signé avec le consortium du Stade de France un protocole l'obligeant jusqu'en 2013 à y organiser les matchs du Tournoi et finales du championnat.

Les gros bras, le Stade toulousain, Castres, Montferrand et Agen, étant tombés, sous la poussée des deux finalistes, on attend un jeu d'artifice de 15 juillet. En fait principalement de la part des Columérins : leur jeu vif et inspiré semble capable de déstabiliser les Parisiens qui forment un ensemble monolithique où seul le diablotin Christophe Dominici et son frère de sang méditerranéen Franck Comba ne sont pas taillés dans la masse. D'accord, les demis Christophe Laussucq et Diego Dominguez ne sont pas non plus des colosses, mais il n'en demeure pas moins qu'avec un arrière comme le Sud-Africain Conrad Stolz (1,88 m, 103 kg) et le centre néo-zélandais Cliff Mytton (1,86 m, 94 kg) il y a du lourd derrière chez les « Rouge et Bleu ». De Paris, qui sont 100 % rouges ce soir. Ainsi, le bleu des Columérins tranche plus franchement sur les images télévisées.

Toujours proche des Parisiens, Bernard Laporte ne le cache pas : « Si le Stade français veut gagner, il lui faut une mêlée forte et une défense hermétique. » C'est le même credo que pour les Bleus. Comme il reste très écouté par ses anciens joueurs, il ne fait guère de doute que ses paroles seront d'évangile ou au moins prises au pied de la lettre. « MD », mêlée-défense. Ce n'est pas réduire le rugby à cette expression plus que simple, fruste ; simplement donner des priorités. D'ailleurs, le choix du solide mais moyennement mobile Stolz à l'arrière éclaire les intentions parisiennes : bloquer tout ce qui vient d'en face. Sur le banc, deux arrières attendent, Artur Gomes, l'international à racines portugaises, et le fringant Basque souletain Sylvain Jonnet, champion de France juniors 1999.

Après la présentation des champions du monde juniors et des joueurs par leurs capitaines respectifs, Jean-Luc Sadourny et Christophe Juillet, au président de tous les Français, le match se lance sur un rythme allègre. Comme une souris à réaction, Christophe Dominici ne tarde pas à s'inventer un slalom bien à lui dans les rangs adverses qui le place en débordement dans un couloir rétréci comme une sortie d'entonnoir.

Prévenus du danger constitué par le Speedy Gonzales venu de Toulon et fixé à Paris, les Columérins savent à quoi s'en tenir sur le trublion d'en face. Mais qu'il est difficile de l'empêcher de sévir !

Les vagues d'attaque se répondent avec une constance et une régularité qui conviennent à l'ensemble du public. Sur une accélération fulgurante, l'ailier d'origine paloise Benjamin Lhande donne un ballon à son demi de mêlée Fabrice Culinat, qui sent l'essai à plein nez. Le rideau rouge a glissé et l'essai sera pour plus tard… Sur l'action suivante, l'intrépide et enthousiaste numéro 8 bleu Francis Ntamack inscrit le premier essai de la finale. Avant que l'autre Méditerranéen de Paris, Franck Comba, boule de muscles conduite par une rare intelligence de jeu, ne provoque le branle-bas, de Comba bien sûr, dans la défense bleue. Le 13 de Paris fait le plus dur avant d'alerter impeccablement son arrière Conrad Stolz, par des plus déliés peut-être, mais pigeant le jeu assurément. D'une passe lobée, l'Africain du Sud lance Speedy Gonzalez (Dominici) de l'autre côté de la ligne adverse.

Puis Christophe Laussucq, fouine généreuse au flair à vif, exploitera un manque de rigueur des Columérins, qui pensent surtout à attaquer, pour planter un essai plein d'à-propos. Le petit coup d'orteil de Diego, le tir d'élite, permettra aux locaux – les Parisiens sont ici en voisins – de passer à 21-13. Dans le camp de Colomiers, quelque chose cloche : le genou gauche de l'ouvreur-meneur de jeu David Skrela est touché, et l'équipe entière boîte légèrement. Cette gêne contrarie Skrela junior dans ses tentatives de tir au but. L'efficacité de son équipe s'en ressent. Surtout sur une pénalité qui paraissait facile. Sa gestuelle s'en trouve contrariée.

En deuxième mi-temps, sur une brève et intense échauffourée, les belligérants se défoulent et les spectateurs se réchauffent par boxeurs interposés. Bref, le rugby reste un combat où il s'en faut souvent de peu pour qu'une étincelle n'allume la mèche.

Puis vient le moment où le match bascule… Les Columérins, portés par un kop pas énorme mais fou d'amour, qui y laisse sa voix à encourager sa chère équipe, harcèlent la défense de fer qui se hérisse sur leur passage lorsqu'une passe atteint tout sauf son objectif… David Skrela veut offrir le ballon à Laurent Marticorena, en provenance, précisément, du Stade français.

Fresque curieuse : des avants terre à terre et d'autres dans les airs…

Pour Mytton, un ballon n'est jamais perdu. NTamack surpris.

Diego Dominguez, comme d'habitude...

Gêné par des appuis affaiblis, il ne peut pas modifier la direction de son ballon et il se prend la tête à deux mains quand il contemple le désastre : le glouton Franck Comba a intercepté et file marquer un essai assommoir : 28-16, avec le coup de patte de Diego. Il y a de quoi grimacer côté occitan et y croire plus que jamais côté parisien.

Mais la partie n'est pas finie. Ce serait mal connaître la générosité, l'allant et le jeu des banlieusards de la Ville rose que de les croire défaits. Ils attaquent de plus belle. Le culotté Fabrice Culinat rend la monnaie de sa pièce à son vis-à-vis Christophe Laussucq en plantant un essai identique au sien : 23-28 avec la transformation du Basque Laurent Marticorena, avec 3' d'arrêts de jeu à disputer, tout pouvait encore être remis en question. Les Columérins envisageaient la prolongation, avant, carrément, de s'imposer. Surtout qu'ils disputent cette fin de finale à quinze contre quatorze,

Dal Maso en pointe dans la défense des Parisiens.

En cas de nécessité, Dominguez se transforme en plaqueur.

Franck Comba, l'homme du match pour les Stadistes du Nord, ayant écopé d'un carton blanc sanctionnant la quatrième faute au sol de son équipe. Crispant, grandiose, émouvant, du suspense à en faire exploser les cœurs fragiles, les secondes s'égrènent.

Colomiers brûle ses dernières cartouches, Paris tient bon. Le bourg de 30 000 âmes ne battra pas la mégapole de 10 millions d'habitants. « Pas plus que les Calaisiens n'avaient pu battre les Nantais », intervient Coco de *La Bodega de la soif*. En fait, les Columérins ne sont pas les Calai-

Mission accomplie
pour le Stade Français :
des hommes heureux.

siens du rugby pour la bonne raison que, contrairement aux footballeurs ch'timis, ils font déjà partie de l'élite du rugby français. Avec une victoire en Conférence européenne en 1998 sur Agen et une présence en finale de la Coupe Heineken 1999, perdue contre l'Ulster à Dublin. Si l'on ne peut pas encore dire que Colomiers devient en rugby la banlieue de Toulouse, le grand Stade toulousain doit se méfier. Ils sont pugnaces, ils savent ce qu'ils veulent, ces banlieusards : être champions de France. En 2001, Fabien Galthié sera de retour et, à 35 ans, Jean-Luc Sadourny sera encore là, l'espoir rivé au cœur.

Cette finale opposait deux clubs qui avaient décidé de se passer de leur entraîneur en cours de saison, Henri Auriol à Colomiers et Georges Costes au Stade français CASG, avec l'aval des présidents, Michel Bendichou et Max Guazzini. Au fond, l'autogestion a quand même du bon et elle relativise l'importance des coachs. A méditer... En attendant, le Stade français remporte son dixième titre (1893, 1894, 1895, 1897, 1898, 1901, 1903, 1908, 1998 et 2000) !

Même bloqué, Paille dégage le ballon.

*
* *

Cette finale estivale, si l'on peut dire, est passée par des demi-finales aussi serrées qu'enthousiasmantes. Les Parisiens s'étant offert le luxe d'éliminer les grandissimes favoris de l'épreuve, les maîtres toulousains, par 30-13 après que les Columérins eurent maté la rude et estimable résistance des Palois par un but d'ultime seconde dans les prolongations de David Skrela (24-22). Ces Columérins avaient eu la peau de très gaillards Castrais en quarts, alors que les Stadistes de la capitale faisaient fléchir (25-15) les Perpignanais, pourtant remontés comme des pendules et qui se souvenaient de la défaite de 1998 pour une première finale au « grand stade » (7-34). Dans les autres quarts, les Toulousains avaient écarté de volontaires et fringants Biarrots (28-18) et les Palois avaient eu le dernier mot devant les Auvergnats de l'ASM (28-27).

Mais revenons sur les demi-finales. Dans l'ordre chronologique, Pau-Colomiers fut une affaire de David. L'un, côté béarnais, Aucagne (dit Coco). L'ancien Puciste a connu les honneurs de l'équipe de France. L'autre, côté columérin, fils de Jean-Claude, l'ancien coach des Bleus, qui ne devrait pas tarder à y goûter.

Dans la fraîcheur agenaise, le bègue Alain Plantefol, ancien Racingman et ancien du SUA, souhaitait que l'arbitre laisse la part belle au jeu... Malheureusement, il ne fut pas vraiment suivi par le shérif qui, à force de vouloir bien faire, en fit trop. Sifflez plus simple, Monsieur Borréani ! Un match au couteau, un match d'abordage où les flibustiers béarnais se régalèrent.

En en remettant peut-être trop quand ils étaient conduits par l'expert en la matière, le demi de mêlée au grand cœur Frédéric Torossian. Son remplaçant, Grégory Sudre, ancien du SUA, donna plus d'ampleur au jeu de son équipe quand il entra. Dans le mano-à-mano (si l'on peut dire) des buteurs, le David des Verts semblait avoir donné la victoire à la Section paloise d'un drop concrétisant la supériorité de ses avants. Mais, possédé par la rage de l'offensive, il tenta le diable pour ouvrir encore une fois. Une de trop, car ses voisins s'empêtrèrent dans la défense columérine au point de déclencher le sifflet de l'arbitre et de placer l'autre David dans la position du matador avant le *descabello*. Le pied du jeune Skrela n'a pas tremblé, et les Palois (qui auraient mérité autant que leurs ad-

Sudre : éloigner le ballon de la mêlée.

versaires de monter à la capitale) repartirent en Béarn sécher leurs larmes. Avec la légitime sensation d'avoir accompli leur devoir sans faiblir avec une hargne jamais démentie. Ce qui fit plaisir à Nino Lhande d'Aramits, le père de Benjamin, tiraillé dans cette semi-nocturne lot-et-garonnaise puisqu'il a été champion de France avec la Section en 1964 à ce même poste d'ailier, où son fils a marqué le premier essai columérin contre les Palois ! Mais tellement heureux pour Benjamin…

Après leur échec en Coupe d'Europe, où ils ont buté sur le mur rouge des défenseurs

David Skrela contre les Palois : le coup de pied de la délivrance.

du Munster, tout laissait à penser que, forts des enseignements tirés de ce dérapage, les Toulousains allaient resserrer les boulons et repartir au boulot avec des crampons plus assurés. Avant leur demi-finale contre l'autre Stade, dit français, la ligne leur semblait favorable. Mais, effectivement, comme le dit Arnaud Althabe, du *Rugby Bar*, près de l'église Saint-Augustin : « Avec ces Parisiens, tout est possible ! »

Le Stade de la Méditerranée, à Béziers, ne déborde pas pour cette nocturne. A croire que les Héraultais sont fatigués du rugby. Pour donner le change à la cohorte des supporters toulousains, toujours aussi résolus et déjà prêts à prendre Saint-Denis et le Stade de France d'assaut, le petit kop de Jean-Bouin revêtira quelques couleurs rouge et bleue supplémentaires en récupérant des vacanciers parisiens à la sortie de la plage. Le credo des Stadistes du Nord, soufflé par Bernard Laporte, est simple : mêlée et défense.

La première ligne des Stadistes du Nord refuse de rougir de la comparaison avec sa devancière de 1998, la trilogie des « Rapetouts » venus de Bègles, Gimbert-Moscato-Simon. Alors, face à ces piliers de légende nommés Christian Califano et Franck Tournaire, les pousseurs moins huppés (pourtant internationaux) que sont Sylvain Marconnet et Peter De Villiers tenaient à relever le défi. Éternelle histoire des fondations solides pour construire la maison de vos rêves.

Comme le disait le regretté Jean-Jacques Simmler, qui, alors qu'il était journaliste à *L'Équipe*, avait formé avec Walter Spanghero l'équipe du second test de la tournée en Australie de 1972 : « Tu me donnes un bon pilier droit, deux tracteurs en deuxième ligne, ce qui donne une mêlée capable d'avancer. Après, il te suffit d'un bon buteur pour faire un grand pas vers la victoire... » Certes, les temps ont changé et le rugby dit moderne, qui singe le XIII, exige des qualités athlétiques nouvelles. Par contre, nous rejoindrons la pensée de Jean-

A trois contre un, la terrible défense stadiste...

Dominguez en maestro : il dirige le jeu...

Laussucq à la manœuvre : ça tourne pour les Parisiens.

Jacques quand il affirmait que techniquement beaucoup de rugbymen d'aujourd'hui auraient à apprendre des anciens. Principalement en attaque. En saluant au passage les Dacquois, qui ont montré, contre le Stade français à Jean-Bouin, qu'on pouvait passer en attaquant en première main. Pour l'heure, au Stade de la Méditerranée, l'explication est sérieuse. Comme prévu. Certes, le volume de jeu des Toulousains est pressenti, là, à fleur de jeu. Mais, insuffisamment affirmé pour concrétiser au tableau d'affichage. Les Parisiens ne donnent pas dans la dentelle. Le bleu est de chauffe et le rouge de l'effort leur sert de fard. Par leur détermination défensive, ils empêchent leurs adversaires de transpercer leurs lignes. Seul Émile Ntamack y parviendra, en obtenant le seul essai de la première mi-temps. Mais cela ne suffit pas pour décrocher les pugnaces loustics d'en face. 7-3 à la mi-temps pour Toulouse, rien n'est joué...

Gaillard en mêlée, efficace en touche avec David Auradou, affûté comme une flèche gothique, le Stade du Nord croit en son étoile. Comme si le puzzle se mettait en place sous la pression de l'événement. Christophe Juillet retrouve la forme qui en avait fait l'un des bons avants du Mondial 1999, Sylvain Marconnet, qui espère toujours remettre le pied à l'étrier du cheval « France », ne lésine pas. Le pack tourne, il bloque son vis-à-vis. Milou Ntamack a déjà donné, mais cela reste insuffisant. En début de seconde mi-temps, les deux équipes ayant des schémas tactiques analogues, un pénible échange de coups de pied rappelait que le mot football est associé à rugby dans le nom originel de ce sport.

Puis chacun reprit ses responsabilités, avec une mêlée très affirmée côté du Stade français. Ce qui fit grimacer les vieux supporters aux oreilles en chou-fleur du Stade toulousain. Le blond All Black Lee Stensness s'avère dangereux, mais rien de déterminant. Après que Christian Labit eut récupéré un ballon brûlant dans un regroupement parisien pour amorcer une attaque qui amènera une balle de 13-3, les supporters toulousains se sentirent soulagés. Mais il restait une demi-heure de jeu. Un trop long délai face à une équipe aussi ambitieuse et vorace que le Stade français. Les joueurs commençaient à se replacer plus vite et plus précisément que leurs adversaires. La sortie sur carton jaune de Christian Labit n'arrangeait rien pour les Languedociens.

C'est d'abord Sylvain Marconnet, décidément en verve, qui marque le premier essai parisien, que Diego Dominguez ne manque pas de transformer. Du coup, le match est pleinement relancé. Les péripéties se succèdent sur une transversale d'Alain Penaud, manquant la touche d'un rien et finissant dans l'en-but, les Parisiens ramènent les débats 40 mètres plus haut. Abrité derrière le rempart de sa mêlée, Christophe Laussucq alerta son arrière sud-africain Conrad Stolz, bâti comme un avant, qui fit aux Toulousains ce que Titou Lamaison passa un malin plaisir à réussir face aux Blacks en 1999 en demi-finale du Mondial : une pichenette par-dessus le mur défensif adverse, là, dans le dos d'Alain Penaud et Michel Marfaing, et, là encore, tout comme ce fut le cas contre les Blacks, le diablotin Christophe Dominici mit plein gaz. L'ailier miracle happa le ballon au rebond et courut le poser derrière la ligne toulousaine.

Bascule du match. Groggy, les Occitans accusent le coup. Le puncheur Dominici leur a placé une droite au foie qui leur coupe le souffle. Ils ne s'en remettront pas. Un ultime essai, de l'élégant Franck Comba, achève les champions de France. Ils ont perdu leur sacre sur un score sans appel (13-30). Comme le suggère leur entraîneur Guy Novès : « Il faut se remettre au travail », alors que le capitaine Franck Belot se décide à rendre ses galons. Elle est dure, la chute du dominateur.

Les cartes sont redistribuées dans le rugby français...

Cazalbou, le tout pour le tout, mais ça ne suffit pas.

Dominici et Landreau, la satisfaction de la mission accomplie.

ORIGINE DES DOCUMENTS PHOTOGRAPHIQUES

Flash Press : Guy Jeffroy, Jean-Marie Hervio, Stéphane Mantey, Franck Faugere, Jean-Claude Lemasson, Christian Bedei, pp. 4, 13, 25B, 26, 27B, 28H, 29B, 36, 37, 42, 49, 52, 53, 60, 61, 62H, 63, 66B, 71, 82, 87, 94, 95, 96, 100, 101, 102, 103, 106, 112, 113, 114, 115, 116, 117, 118, 119, 122, 124, 126, 127, 128, 129, 131, 132, 136B, 139, 140, 141B.

Corbis/TempSport : Franck Seguin, Christian Liewig, Dimitri Iundt, Stéphane Reix, Jérôme Prevost, François Lhez, Manuel Blondeau, Laurent Baheux, pp. 7, 8, 9, 14, 16B, 17, 24, 25H, 27H, 29H, 32, 35, 38B, 44, 47, 48, 55, 56, 64, 85H, 91, 97, 105, 123, 125, 130, 135, 136H, 137, 138, 141H, 142, 143.

Vandystadt : Stéphane Kempinaire, Laurent Zabulon, Philippe Montigny, Michael Steele, Nicolas Gouhier, Bertrand Mahé, pp. 12, 15, 18, 19, 23, 33, 38H, 43, 46, 57, 58, 66H, 70, 72, 74, 75, 78, 80, 83, 84, 85B, 86H, 92, 98, 104.

Allsport/Vandystadt : Jamie McDonald, Dave Rogers, Alex Livesey, pp. 16H, 20, 22, 28B, 34, 39, 40, 45, 54, 62B, 67, 76, 77, 86B, 90, 93.

AFP : Robert Gherment, Odd Andersen, p. 109 et couv. M.